AF146412

Vorwort

Dieses Buch handelt von paranormalen Erlebnissen, welche von den jeweiligen Personen erzählt werden. Fast alle suchen nach Lösungen und Erklärungen für diese Erlebnisse, doch die gibt es oft nicht.
Wir alle hätten gerne Antworten auf Fragen. Wer waren wir, bevor wir auf die Welt kamen? Wo sind wir, wenn wir gestorben sind? Können wir uns dann mitteilen?
Die meisten Fragen lassen sich nicht sicher beantworten oder erklären.

Viele von uns haben aber schon Zeichen von unseren verstorbenen Lieben bekommen. Manche haben sogar kommuniziert.

Oft traut man sich nicht, darüber zu sprechen. Man könnte belächelt werden.

Dieses Buch wird Ihnen zeigen, dass Sie mit Ihren Erlebnissen nicht alleine sind und sich ruhig trauen können, darüber zu reden.

Es wird aber auch eine große Hilfe darstellen, Trauer zu bewältigen.

Inhaltsverzeichnis:

Die Puppe

Meine damalige beste Freundin und ich waren gerade mal 9 Jahre alt. Oft spielten wir zusammen in meinem Garten, wir hatten damals noch Hühner und viele Kaninchen. Ich war zu diesem Zeitpunkt sehr gerne im Garten.
Neben dem Garten verlief eine Wiese und auf dieser gab es einen verfallenen Resthof. Auf der Wiese spielten wir oft, doch eines Tages war uns doch langweilig und wir überlegten wo wir hingehen könnten.

Da kamen wir auf die Idee, mal in das leerstehende Haus zu gehen. Wir dachten auch nicht daran, dass es Hausfriedensbruch wäre, dazu waren wir noch zu klein.
So gingen wir um das Haus herum und fanden den Eingang. Ein Kellerfenster war offen (dort haben die Leute ihren Müll rein geschmissen, furchtbar so etwas).

Da es nicht allzu tief hinunter ging, kletterten wir hinein. Es war recht dunkel im Keller, es roch muffig und nach nassem Putz. Wir brauchten etwas bis sich unsere Augen an die Dunkelheit gewöhnt hatten und dann gingen wir zur Kellertür. Nach etwas Gerüttel ging die etwas verzogene Tür auf und so betraten wir das Erdgeschoss. Alle Räume waren zugänglich aber leer, keine Möbel, nichts. Sogar im Bad war alles Abmontiert. Dennoch fand ich es großartig,die großen Räume mit ihren hohen Decken ,Tapete die sich von der Wand rollte, der frische Wind der durch die Räume zog und den Geruch dieses alten Hauses mitnahm. Ja ich hatte das Gefühl als atme das Haus, als wäre es lebendig.

Meine beste Freundin hingegen schien es nicht so gut zu
gefallen ,bei jedem knirschen der Dielen zuckte sie
zusammen und sie sagte ständig das wir bald nach Hause
müssten.
Doch ich wollte noch in die erste Etage und sie willigte
dann ein.
Vorsichtig stiegen wir die knarrende Holztreppe hoch und
gingen in die Räume dort. In einem stand noch ein
Kachelofen, sonst waren sie alle Räume leer, nun bis auf
einen, der letzte Raum, den wir betraten war der kleinste.
Mittig in ihm stand ein kleiner Stuhl auf dem eine
Porzellanpuppe saß, sie war ca.50cm groß ,Arme, Beine und
Kopf komplett aus Porzellan. Die Haare waren blond und
sehr verfilzt, ich weiß noch, das mich das ärgerte, es war
ja eine schöne Puppe. Ihr fehlte ein Stück an der Nase und
ihre Augen sahen irgendwie trüb aus, ich glaube sie trug ein
blaues, oder hellgrünen Kleid, das weiß ich nicht mehr genau.
Um den Stuhl lagen eine Menge abgebrannter
Streichhölzer, komisch dachte ich, die Puppe sah nicht
angesengt aus und Zigarettenkippen lagen auch nicht herum.
Alles war mit einer dicken Staubschicht bedeckt.

Meine Freundin drängte nun zu gehen, doch ich hörte nur
halb hin, ich wollte mir die Puppe genau ansehen, also nahm
ich sie und genau in diesem Moment hörten wir laut und
deutlich wie jemand "H.....Hey!" rief, wir dachten das uns
jemand gesehen hatte und flitzten los um aus dem Haus
raus zu gehen, wir bemerkten eine Hintertür bei welcher
der Schlüssel steckte, nach einigen Versuchen ging die Tür
auf und wir gingen hinaus. Da war niemand, komisch, wir
dachten das da jemand stehen würde .Nun gingen wir heim.

Am nächsten Tag wollte ich meine Freundin überreden noch einmal in das Haus zu gehen, da ich die Puppe mitnehmen wollte, doch sie ließ sich nicht überzeugen und allein wollte ich auch nicht.

Ich fragte warum sie nicht mitkommen wollte und sie meinte das Haus war unheimlich und das Mädchen da wäre böse .Damals dachte ich sie meint die Puppe, ich habe kein Mädchen gesehen. Heute weiß ich, was sie gemeint hatte.

Das Hexenbrett

Es war vor ca. 5 Jahren, als meine Mutter, unsere beste
Freundin und ich gegen Mittag auf die blöde Idee kamen
eine Seance abzuhalten.
Als der Abend gekommen war, waren wir nur noch zu 3. in
der Wohnung. Ich holte ein Räucherstäbchen, eine weiße
und eine schwarze Kerze. Ich bereitete alles vor, so dass
es möglichst ruhig und duster war.
Wir beschlossen, dass ich als Rednerin fungieren würde.
Also legten wir 3 jeweils 2 Finger auf das dazugehörige
Patch und ich begann die Frage zu stellen: "Ist da Jemand?
Möchte Jemand mit uns Kontakt aufnehmen?"
Nach 2 bis 3-mal fragen, fing das Patch sich tatsächlich
minimal zu bewegen an. Zu diesem Zeitpunkt musste ich
dann eingreifen, da die anderen Beiden sich vorwurfsvoll
anschauten und der eine den anderen beschuldigte, das
Patch mit Absicht zu bewegen! Ich ermahnte beide, ruhig
zu sein und es einfach auf sich wirken zu lassen, sonst
bringt das nichts! Gott sei Dank taten sie es denn auch.
Das Patch wurde nun schneller, der erste Herr der uns
besuchen kam hieß Otto! Otto war wohl besonnen, aber ich
weiß bis heute nicht, wo er her kam. Ich glaube, es war ein
ferner Verwandter von unserer Freundin, denn plötzlich
ohne ihn eine Frage zu stellen, schrieb er ihren Namen. Sie
fing an zu weinen, weil sie es sich einfach nicht erklären
konnte, wieso warum weshalb das gerade wirklich passierte
und weshalb der Geist gerade ihren Namen schrieb. Otto
verließ uns danach wieder, er war plötzlich weg. Und was
danach geschah war für mich ein bedeutendes Erlebnis. Als
ich also wieder fragte, ob Jemand da sei, ging das Patch
sofort auf JA. Die Energie des Geistes war ungeheuerlich

hoch. Wir fragten, wer da sei.

Es war meine Oma väterlicherseits, die keiner von und kennengelernt hatte, sie starb sehr früh an einem Krebsleiden. Die kleinen Brüder meines Vaters, der damals 20 Jahre alt war, riefen ihn an und sagten:" Komm schnell nach Hause, Mama liegt hier auf dem Boden." Als er ankam, war sie schon blau an manchen Stellen, sie war also schon eine Weile tot.

Ich war über ihren Kontakt sehr erstaunt und auch glücklich, ich hätte sie doch auch so gerne kennen gelernt. Das Beste aber kam noch: sie fing an, uns ein Datum zu nennen. Welches genau weis ich nicht mehr, es war jedenfalls ein Apriltag. Ein wenig später war sie wieder weg und wir waren so berührt, dass wir beschlossen haben, die Seance zu beenden.

Am nächsten morgen erzählten wir meinen Papa, was geschehen sei und fragten ihn, ob er was mit dem Datum anfangen kann.

es stellte sich heraus, dass dieser Apriltag ihr Todestag war.....

Knapp ein halbes Jahr nach unserer ersten Seance wollten wir nochmals eine Kontaktaufnahme wagen. Ich hatte an diesem Tag einen heftigen Streit mit meinen Mann (damals noch Freund) sodass ich innerlich voller Wut war. Als wir 3 dann abends zusammen saßen und ich vorher wieder alles wie beim ersten Mal hergerichtet hatte, wollten wir also die zweite Sitzung beginnen.

Ich stellte also wieder die Frage, ob Jemand da sei und mit uns Kontakt aufnehmen möchte. Das Patch glitt auf der Stelle zur 666! Daraufhin wollten die beiden schon schnell abbrechen aber ich wollte noch einen Versuch. Aber auch beim zweiten Versuch glitt das Patch sofort zum

8

Pentagram! Wir ließen sofort alle 3 ab vom Patch und beendeten die Sitzung komplett.

Das war dann unsere letzte Seance.

Erlebnisse mit der Anderswelt

Also, es fing in meinem Teenie-Alter an. Damals, aus verschiedenen Gründen, interessierte ich mich plötzlich sehr für das Paranormale. Ich kaufte mir Bücher über alles Mögliche und las mich in die Materie ein. Mein Opa hatte damals eine Freundin, die befasste sich intensiv mit dem Kartenlegen und mit dem Pendeln. Sie pendelte mir damals aus, das ich ein Mädchen bekommen würde. Nun was soll ich sagen: ich bekam ein Mädchen vor ein paar Jahren.... Klar, könnte es ein Zufall gewesen sein, aber es könnte auch echt sein, wer will das schon sagen oder anzweifeln, wenn man es eben nicht weiß ....

Ich glaube, das ich seit ich klein bin sehr medial veranlagt bin.
Zum Beispiel als ich 14 war, fühlte ich mich morgens in der Schule total mies und ließ mich nach Hause schicken, zu Hause war ich alleine, mein Dad war arbeiten, meine Mom meinen Opa ins Krankenhaus bringen ... Ich saß am Tisch und versuchte ein Brot zu essen, als ich plötzlich das Haarfett (er benutzte immer Brisk) meines Opas roch und in dem Moment fühlte ich etwas, dass sich anfühlte wie wenn mir jemand über den Rücken streichelt ... ich bekam ne richtige Gänsehaut. Aber es war niemand da.... Ab da war auch seltsamerweise dieses ungute Gefühl weg und ich fühlte mich sehr traurig ... Zwei Stunden später kam meine Mutter nach Hause, nicht ansprechbar (eine gute Freundin der Familie war dabei damals). Mein Opa hatte Suizid begangen und sie hatte ihn gefunden bei ihm zu Hause, als sie ihn ins Krankenhaus bringen wollte ...

10

Das war schon ein heftiges Erlebnis, woher hätte ich wissen sollen, das mein Opa so etwas plant oder macht? Er hat es nie aber auch wirklich nie vorher auch nur einmal geäußert. Keine Andeutungen dazu, nichts .... Damit hat damals von uns keiner gerechnet.

Zwischendurch gab es eigentlich immer mal nur solche Kleinigkeiten, die man aber auch durchaus rational erklären kann, also nix besonderes. Das aufregendste Erlebnis damals war, das ich nachts den immer gleichen Traum hatte. Dazu befragte ich eine Freundin, die sich mit diesen Dingen sehr gut auskennt und sie sagte mir, dass ich von meinem Schutzengel geträumt habe. Er hatte mir sogar seinen Namen gesagt im Traum. Dann kam meine Kleine zur Welt. Ich hatte einen Kaiserschnitt damals, also nur diese Rückenmark-Punktion. Ich war also bei vollem Bewusstsein, und plötzlich wurde mir ganz schlecht, mein Blutdruck fiel sehr schnell ab und der obere Wert beim Blutdruckmessen (keine Ahnung wie man das nennt ^^) lag bei 78 (normalerweise so um die 120 - 130) ... und in diesem Moment, wurde mir wie gesagt sehr schlecht und schwarz vor Augen, meine Ohren rauschten und ich dachte so bei mir: OK, jetzt ist es aus, dein Kind kommt zur Welt und du schaffst es nicht ... Seltsamer Gedanke, ich weiß, aber das ging mir in dem Moment im Kopf rum. Plötzlich war es so, als ob ich eine Stimme hörte, die sagte mir: Ich bin da, dir passiert nichts ... und als ich nach oben sah, konnte ich ein helles Strahlen sehen, das auf einmal auch wieder weg war ... und dann ging alles sehr schnell: die Ärzte hatten mit bekommen, das es mir nicht gut geht, ich bekam Flaschen angehängt (ich hatte damals auf jedem Handrücken eine Braunüle mit jeweils zwei Flaschen dran und zusätzlich in beiden Pulsadern) und dann ging's mir auch wieder besser ... Das war bis dahin erstmal das ....

Als meine Kleine ein Jahr alt war, zog ich wieder mit ihr alleine in meine Heimatstadt. In meiner Wohnung passierten dann sehr seltsame Dinge dort. Man hörte nachts Schritte auf dem Flur der Wohnung, es roch manchmal seltsam (einmal nach After Shave, ein anderes Mal nach Zitrusfrüchten) meine Schwester hatte das auch bemerkt, weil sie damals oft bei mir schlief. Also glaube ich nicht an Einbildung, denn eine Massenhalluzination schließe ich mal aus ^^..... Wir schauten uns nur an, wenn es wieder war, und dann wusste ich, das sie es auch bemerkt hatte. Die Kerzen flackerten seltsam obwohl kein Zug war. Zum Beispiel bei so einem Dreier-Teelicht-Halter. Die beiden anderen außen waren normal, die in der Mitte flackerte. OK, eine Kerze kann mal flackern, ist jetzt nix ungewöhnliches, aber nachdem sie geflackert hatte blieb sie ruhig und ging dann aus, als wenn sie jemand ausgemacht hätte. Ich zündete sie wieder an, und kurz darauf war sie wieder aus. Gut, dachte ich mir, das liegt an der Kerze. Da wechselte meine Schwester eine von außen zur Mitte. Jetzt brannte die Kerze nach dem anzünden ganz normal außen, und die in der Mitte ging wieder aus.... Ich hab dann alle Kerzen ausgemacht, das war mir zu suspekt...

Ein anderes Mal habe ich meinen Anhänger von der Kette gemacht, weil ich sie auswechseln wollte. (hätte ich besser damals nicht getan, denn mein Anhänger war eigentlich mein Schutz)... Ich legte den Anhänger da hin, wo ich auch genau weiß, wo er dann ist. Nur einige Tage später, als ich ihn wieder dran machen wollte, war er verschwunden ... Da bei mir niemand außer mir und meiner Tochter (und die kommt nicht im Schrank an die oberen Fächer) ins

Schlafzimmer ging, war es mehr als Seltsam. Er blieb auch verschwunden. Ich dachte noch, na, wenn ich mal ausziehe, liegt er hinterm Kleiderschrank, ist vielleicht irgendwie runter gefallen und untern Schrank gerutscht oder so. Na ja, letztes Jahr bin ich ausgezogen, aber auch als alles komplett abgebaut war, mein Anhänger blieb weg .... Ebenso mein Füller, den mir meine Schwester mal geschenkt hatte. Der lag auch im Schlafzimmer. Eines Tages wollt ich damit ne Glückwunschkarte schreiben, er war weg ...
Unauffindbar und ist auch nie wieder aufgetaucht (wenn man ihn verlegt hätte, dann wäre er ja spätestens beim Umzug wieder da gewesen)...

Mein Freund hat mich ja öfter mal besucht und er hörte diese Schritte im Flur auch.... Manchmal war es echt seltsam ... keine Holzdielen, also logischerweise auch kein altes Holz, das am Boden arbeitet. Oben drüber wohnte auch niemand, da ich im Dachgeschoss wohnte, und die Dachklappe für hoch war fest verriegelt, weil der Vermieter schon nicht wollte, das da jemand hoch geht ...
Also alles Rationelle wurde schon durchdacht, wie man sieht ^^....

Jetzt bin ich allerdings umgezogen, und jetzt geht es hier weiter in der neuen Wohnung. Meine Kleine schrie letztens Nachts, und als ich zu ihr ging, sagte sie, da hätte jemand weißes an ihrer Tür gestanden und hatte die Hand auf der Türklinke liegen und sie angeschaut .... Nachts hört man manchmal Schritte im Flur, nur schlurfen die. Es hört sich auf dem Teppich eben an, als wenn jemand da läuft und die Füße nicht richtig hebt. Ich schau dann immer ganz hektisch um die Ecke, denn ich sitze im Flur am PC in einem Wandschrank, links von mir ist die Tür vom Schrank und danach geht der Flur über Eck weiter ... Ich krieg da langsam manchmal echt Zustände, aber ich beruhige mich dann immer und denke mir, es ist nix schlimmes, es wird nichts passieren ....

Ach, und manchmal weiß ich einfach Dinge, die ich nicht wissen kann. Als mein Freund und ich noch 300 km auseinander wohnten, telefonierten wir sehr oft. Nachts hatte er mal einen Bärenhunger und sagte mir, er mache sich mal was zu essen. Ich wusste nicht, was er sich macht. Als er wieder ans Telefon kam, sagte ich zu ihm: du musst mir jetzt nicht sagen, das du 4 Bratwürste isst .... daraufhin hörte ich ein "Platsch" und ein Fluchen, denn er war so erschrocken darüber, das ich wusste, was er isst, das er die Quetschflasche vom Ketchup zu fallen gelassen hatte und er sich sein ganzes Shirt versaut hatte ... Solche Dinge sind mir auch schon öfter passiert, das ich Sachen weiß, oder träume, die wirklich so sind oder so eintreffen....

Das war jetzt erstmal das wichtigste, was mir so passiert ist bisher ... Kleinigkeiten hab ich mal ausgelassen, weil ich denke, das würde den Rahmen sprengen (tut es ja jetzt schon fast *lol*) .... Ich wollte mal erzählen, wie es mir so ergeht, damit man sich vielleicht auch mal ein Bild machen kann, warum ich mich mit diesem Thema versuche, so intensiv wie möglich zu befassen, und warum ich an so vieles glaube....

Die schwarze Wolke

Ich bin 23 Jahre alt, komme aus Österreich und bin eine sehr direkte, kommunikative und mental starke Frau.

Normalerweise glaube ich nicht an Geister/Dämonen/Engel/Gott/Teufel usw., weil deren Existenz bisher nicht eindeutig bewiesen werden konnte. Jedoch hatte ich schon einige Erlebnisse die ich mir nicht erklären konnte und es auch nicht als "Geistererscheinung" o.ä. abtun möchte. Deshalb bin ich auf der Suche einer logischen Erklärung.

So, nun zu einem meiner Erlebnissen:

Ich kann mich noch erinnern als wäre es gestern gewesen...

Also, als ich ca. 14 Jahre alt war, ging ich noch zur Hauptschule und jede Mittagspause (das war immer Montags und Donnerstags, weil wir Nachmittagsunterricht hatten, an diesem Tag war Winter - das Monat weiß ich leider nicht mehr, ich weiß nur das es sehr kalt draußen war) kamen meine Freundinnen zu mir nach Hause Mittag essen. Da meine Eltern damals berufstätig waren, war ich auf mich alleine gestellt und lernte schon relativ früh zu kochen/waschen/bügeln/Haushalt führen etc.

Meine 2 Freundinnen saßen bei Tisch und ich gab uns eine TK Pizza in den Backofen, weil es schnell ging und lecker war. Als die Pizza im Rohr war, gesellte ich mich zu meinen Freundinnen und wir tratschten und lästerten über die Schule (Kollegen und Lehrer)... Unsere Küche besaß eine

Eckbank und einen runden Tisch.

So, wie bereits erwähnt saßen wir beisammen und die Pizza war noch so gut wie roh. Plötzlich erschrak eine meiner Freundinnen zeigte mit dem Finger und aufgerissenen Augen über mich. Wir versuchten sie zu beruhigen, wir wussten momentan nicht was los war und sie fing an zu weinen und bekam einen richtigen hysterischen Anfall. Sie war ganz außer sich. Bis dann meine 2. Freundin (sie stottert leider) kein Wort raus brachte und ebenfalls mit dem Finger über mich zeigte. Ich dachte momentan "Was ist jetzt los? Spinnen die?"

Doch als ich dann nach oben sah entdeckte ich so zu sagen eine ovale (ca. so groß wie eine Wassermelone) schwarze Wolke über mir schweben. Ich sprang sofort auf, meine Freundinnen ebenfalls und wir rannten ins nächste Zimmer (Wohnzimmer) von dort aus konnten wir beobachten wie dieses "Ding" blitzartigen in einer schwebenden Bewegung von rechts nach links und von links nach rechts flog und dann auf einmal wie aus dem nichts verschwand.

Bis heute wissen wir nicht, was es war. Es war bestimmt kein Rauch, es war auch kein Tier (Fledermaus o.ä.), wir wissen es nicht. Seitdem bin ich auf der Suche nach einer Erklärung.

Bis heute konnte ich jedoch keine Erklärung finden.

Der Poltergeist

Ich selbst bin mit dem Paranormalen aufgewachsen, meine Familie zieht das irgendwie an. Fing schon damit an, dass meine Uroma sich weigerte, die Gustlow zu betreten, weil sie meinte das Schiff würde abgeschossen werden, was ja nun dann wirklich geschah.

Seit dem beschäftige ich mich viel mit dem Thema, meine Eltern und die restliche Familie auch. Ich lese zum Beispiel viel drüber, wobei ich schon eine Skepsis an den Tag lege und nicht gleich alles glaube, was man so erzählt.
Ich suche meist logische Erklärungen für die Geschehnisse. Mittlerweile habe ich auch ein wenig Ahnung von gewissen Dingen, zum Beispiel wie man einen ungebeten "Gast" los wird. Wobei diese Ahnung auch eher darauf basiert was ich so im Internet lese.

Nun hat es aber dieses Mal nicht geklappt.

Ich war, bevor mein Freund und ich zusammen kamen, bei ihm zu Hause und ich sage es wirklich selten, aber in diesem Haus spukt es.
Und zwar hat mein Freund einen ziemlich dreisten Geist. Ob dieser ihm nun was Schlechtes will, weiß ich nicht, aber es ist so, dass Dinge verschwinden, es nachts klopft, Dinge von Tischen geschmissen werden, nachts das Licht angeht etc. Laut meinem Freund soll das schon einige Zeit so gehen.

Es gab zum Beispiel eine Begebenheit mit Schmuck. Er hat in seinem Zimmer einen kleinen Schrank, ein Bett eine Kommode und einen Schreibtisch. So nun lagen auf dem Schreibtisch mehrere Ketten. Die lagen dort die ganze Zeit.
Und nachts fing es dann an.
Man hörte ein scharren und dann fiel die erste Kette zu Boden, wohlgemerkt musste sie erstmal über die holzplatte gezogen werden um überhaupt runterfallen zu können.
Okay ich war der Meinung, vielleicht bin ich beim Licht ausmachen dagegen gekommen und sie ist verrutscht, so dass sie dadurch heruntergefallen ist.
Aber als dann noch die drei anderen Ketten runter fielen kam ich in Erklärungsnot. Danach fing das Klopfen an. Ich bin fast gaga geworden dabei. Es war in unregelmäßigen Abständen und wurde immer lauter, bis es schon fast ein Hämmern war.

So etwas passiert aber nicht nur nachts da. Auch tagsüber verschwinden Dinge, wie zum Beispiel eine Federmappe, sie lag auf dem Schreibtisch nach dem Zeichnen, abends wolle man dann weiter zeichnen und die Federmappe war nicht mehr da.
Ich finde das absolut nicht mehr zu Lachen.

Nun habe ich Angst das der Geist vielleicht etwas schlechtes will, also meinem Freund etwas Böses.
Meine Mutter hat mir mal erklärt wenn man einen Geist hat, den man loswerden will, dann soll man ihm sagen man könne ihm nicht helfen und er solle gehen. Hat bis dato immer funktioniert. Bei diesem Geist aber nicht. Noch ist es nicht so das mein Freund wirklich Angst hat vor diesem Geist, er hat ihn ja noch nicht angegriffen oder so wobei ich nicht

weiß, ob Geister das überhaupt können.

Ich habe selbst einen Geist bzw. meine Familie hat einen im Haus, der uns ab und an mal die Türen zuhält, oder so was, aber das ist nicht wirklich dramatisch für uns, er gibt und meistens das Gefühl das er auf uns aufpasst. Aber so etwas wie den Geist der bei meinem Freund ist habe ich noch nie erlebt. Dazu sollte auch noch erwähnt sein, dass er nur im oberen Stockwerk ist und nur bei meinem Freund so was abzieht. Seine Eltern werden meistens verschont. Außer dass gelegentlich mal etwas versteckt wurde.

Langsam nimmt das ganze nämlich ziemliche überhand. Wir haben schon einiges versucht aber alles war zwecklos.

Unerklärbar

Mein Erlebnis liegt jetzt knapp 2 Wochen zurück. Ich, 17 Jahre alt besuche die 10. Klasse und habe eine Freundin. Das ist tatsächlich relevant für die nachfolgenden Zeilen. Vor kurzem schrieben wir in Nordrhein-Westfalen die zentralen Abschlussprüfungen, und am gestrigen Dienstag war die letzte, die in Mathematik. Die ZAPs erwähne ich aus dem simplen Grund, dass im Voraus bekannt ist, dass ich denke, dass sie vielleicht die Ursache sind, da sie zusätzlichen Stress verursachen, denn für Stress bin ich sehr anfällig. Ebenfalls auffällig ist, dass ich seit Längerem immer um ziemlich genau 5 Uhr morgens wach werde und mich (leicht) beobachtet fühle. Aber nun zum Ereignis: Ich habe jede Nacht vor zwei Dingen Angst: Zum einen vor Albträumen, zum anderen davor, nicht wieder aufzuwachen. Ersteres passiert extrem selten, Letzteres offensichtlich bisher nie. Doch in der Nacht von Montag auf Dienstag (die erste ZAP im Fach Deutsch wurde am Dienstag geschrieben) hatte ich einen merkwürdigen Traum. Ich war in einem Laden und kaufte mir ein Spiel (Name zensiert, auch wenn ich mich genau daran erinnere, welches es war). Jedenfalls habe ich es nicht richtig bezahlt. Ich habe nur einen Teil des Preises abgedrückt und wollte dann aus dem Laden, als es plötzlich stockdunkel wurde. Als es hell wurde, sprach mich eine Frau an, dass ich nicht klauen sollte, aber ich stritt alles ab. Warum ich das tat, weiß ich nicht, Diebstahl ist eigentlich nicht so ganz meine Welt. Als die Frau dann kurz wegging ging ich in eine Tür hinter dem Tresen und sah mich um. Es gab einen Raum, der mir auffiel, dort war alles Weiß gestrichen und er war sehr groß, aber es befand sich nichts darin. Dann gab es noch eine Schiebetür (eine wie in einem alten japanischen Haus), die ich aufriss. Der Raum dahinter war sehr dunkel, nur eine kleine, schwache Lampe leuchtete von oben herab. Auf dem Boden lag eine Puppe, die aussah wie ein kleines Mädchen. Da ich schreckliche Angst vor Puppen habe, verließ ich den Raum wieder, aber als ich mich umdrehte stand vor mir plötzlich das Mädchen. Ich drehte mich erneut um und stieß eine Tür auf. Ich befand mich nun in einem Flur. Es gab viele Türen und Gänge, doch die meisten Türen waren verschlossen. Ich rannte los und sah immer wieder in die geöffneten Räume, auf einen Ausgang hoffend. In einige Türen rannte ich rein, doch dann stand sie wieder vor mir. Die Räume waren allesamt dunkel. In einem Raum stand sie nicht vor mir, aber da es kein Weiterkommen gab, wollte ich wieder raus. Plötzlich stand sie vor der Tür. Ich rannte auf die Tür zu, schubste sie zur Seite und lief immer weiter. Ich fing an zu weinen und dachte, dass es das für mich war. Da sah ich eine weitere, große Tür, um mich herum waren nur noch Wände. Ich flehte in mich hinein, dass ich raus wollte. Ich öffnete die Tür doch darin war nur gleißendes Licht. Ich ging trotzdem rein. Während die Tür wie in Zeitlupe zu fiel, bettelte ich innerlich weiter nach Vergebung und plötzlich stand ich wieder in dem Raum, der sich hinter dem Tresen befand. Vor der Tür stand erneut das Mädchen. Aber sie ging zur Seite und ich schritt durch die Tür. Dort entschuldigte ich mich bei der Frau und gab ihr das restliche Geld. Doch ich merkte, dass einige Münzen keine Euro-Münzen waren, sondern nur so aussahen, jedoch sagte ich nichts und drückte ihr das Geld in die Hand. Danach wachte ich auf, um ziemlich genau 5 Uhr am Morgen. Ich wusste genau, dass ich was Falsches getan habe. Ich verlor noch am selben Tag noch 50€. Als ich dienstags schlafen ging, träumte ich etwas eher Ruhiges: Ich kaufte mir ein Spiel (Ja, vielleicht mögt ihr mich jetzt Suchti nennen) in einer Limitierten Auflage, dass es eigentlich nicht gibt und habe mich sehr darüber gefreut. Das war im Groben auch schon alles, ich bin dann irgendwann einfach aufgewacht. In der Nacht von Mittwoch auf Donnerstag (die Englisch-ZAP war für Donnerstag angesetzt) ging es schon wieder los. Ich war in meiner Schule auf dem Pausenhof. Aus unerklärlichen Gründen war dort aber statt des üblichen Sportplatzes eine Insel, umgeben von Wasser, auf der einige Schüler waren. Plötzlich sprach mich ein Freund an, warum ich fremdgegangen wäre. Ich war natürlich irritiert und fragte, was er da redet. Er erklärte mir, dass ein anderer Freund so etwas behauptet habe und ich mich auch auffällig verhalten würde. Ich sah zur Insel rüber, auf der sich die Person befand, mit der ich meine Freundin betrogen haben soll. Ohne es zu merken, saß ich plötzlich mit einigen Freunden an einem Tisch in einem Café, wo wir uns über das Thema unterhielten und ich meinen Kumpel fragte, wieso er so etwas behauptet. Noch bevor er antworten konnte, änderte sich die Umgebung erneut. Ich war wieder in diesem riesigen Flur mit lauter Türen und Gängen. Sofort dachte ich an das Mädchen, das mich zuvor verfolgte und rannte los. Als ich in eine Tür hineinsah, sah ich eine Turnhalle, wie die in einer Schule. Ich lief etwas weiter und sagte mir dann, dass ich nur träume, woraufhin ich wach wurde. Erneut wurde ich um 5 Uhr wach. An diesem Tag sprang eine jüngere Freundin mich an und machte dabei die Silberkette, die ich als Zeichen für die Beziehung zu meiner Freundin trage (das Übliche, Herz mit "Ich liebe dich"/"I love you" und Namen auf der Rückseite eingraviert), kaputt. Zudem soll es ja schon seltsam sein, zwei gleiche/ähnliche Träume zu haben. In der Nacht von Donnerstag auf Freitag fühlte ich mich beinahe durchgehend beobachtet, während ich schlafen wollte. Es gab zudem ein Gewitter, welches mich wach hielt. Und noch während ich hoffte, dass das Licht anbleibt, fiel es aus. Da ich panische Angst im Dunkeln habe, griff ich mein Handy, schloss die Tür auf, rannte aus meinem Zimmer (ich lebe in einer Art Keller, also habe ich einen langen Weg bis zu den anderen Mitschülern und zu den Erziehern vor mir). Da ich einfach nur rannte, stolperte ich über einen Stuhl, allerdings so geschickt, dass ich nicht mehr aufstehen konnte. In Panik und unbeweglich schaltete ich mein Handy frei und leuchtet um mich. Bis jetzt wirkt alles sehr lasch und gezogen und ich bezweifle zudem, dass sich überhaupt irgendwer dafür interessiert, aber nun kommt das, was mich bisher nicht in Ruhe gelassen hat. Es fühlte sich an, als würde mir Jemand auf die Schulter fassen, seltsamerweise blieb ich dabei aber ruhig. Mir fiel jedoch sofort ein, dass die Tür zum Untergeschoss verschlossen ist und kein Schüler reinkommt, ohne den Schlüssel zu haben oder darauf zu warten, dass ich die Tür öffne und der Diensthabende Erzieher ist kein Spaßvogel. Ich drehte mich um und sah plötzlich einen Umriss, der mich angrinste. Er war recht deutlich zu erkennen. Aber ich kann es nicht genau beschreiben. Es war einfach widerlich und unheimlich. Ich schrie, was natürlich Niemand hörte, denn im Untergeschoss leben nur 2 Schüler. Und der andere war nicht da, sondern zu Hause, also war nur ich da. Ich sprang trotz der Schmerzen auf, lief in mein Zimmer, verschloss die Tür. Als ich am Lichtschalter rumdrückte, ging das Licht nach dem vierten Versuch wieder an. Ich war heilfroh darüber und setzte mich erstmal wieder in mein Bett. Ich war am Zittern, Weinen und Fluchen. Mein linkes Bein tat höllisch weh, ich hatte Angst und wollte einfach nur Ruhe haben. Als es dann noch kälter in meinem Zimmer wurde (eines der Anzeichen dafür, dass ein Geist anwesend ist/sein könnte, zumindest wenn man den meisten Informationen nachgeht) hörte ich auf zu zittern. Ich weiß nicht, ob es aus Angst war, aber ich war mir sicher, dass, wenn man mir Böses will, es das jetzt war. Kurz darauf hörte ich in meinen Gedanken ein "Keine Sorge. Ich will dich nur beschützen. Es tut mir leid, wenn du Angst vor mir hast." Ich weiß nicht, ob ich es mir selbst eingeredet habe, bzw. einreden wollte, aber ich fühlte mich wirklich beruhigt nach diesen Worten. Ich drückte mein Kuschelkissen (so nenne ich mein Dakimakura (ein Kissen mit einem Bezug, auf dem eine Figur aus einem Anime oder Ähnliches drauf ist) an mich und dachte an meine Freundin. Ich merkte nicht mal, dass ich einschlief, wachte diesmal nicht um 5 Uhr morgens auf und fühlte mich morgens ungewohnt erholt, jedoch habe ich jetzt Nachts noch mehr Angst als bisher. Daheim geht es zwar, aber im Internat ist es mir immer irgendwie unheimlich, schlafen zu gehen. Ich habe ständig das Gefühl, dass ich nicht alleine in meinem Zimmer bin. Wenn das unglaubwürdig klingt, verstehe ich das, ich zwinge euch ja nicht dazu, das zu glauben. Aber es ist nun mal wirklich passiert. Auch die letzten Tage fielen eher schlaflos für mich aus, vor 1-2 Uhr schlafe ich nicht, denn vor 0 Uhr werde ich nicht müde und da zu diesem Zeitpunkt "Geisterstunde" ist, bin ich auch (da bin ich ehrlich) am Rumzittern und halte mich irgendwie wach. Jedes kleine Geräusch macht mir bereits riesige Angst. Und egal, wie früh oder spät ich einschlafe, ich wache immer wieder um 5 Uhr morgens auf, bin jedoch zu dem Zeitpunkt so müde, dass ich fast sofort wieder einschlafe.

Zur letzten ZAP am gestrigen Dienstag: In den Nächten gab es keine Träume (an die ich mich erinnern würde). Aber ich war, wie erwähnt, sehr lange auf und um 5 Uhr morgen wieder wach.
Für das Alles gibt es keine Erklärung.

Das Gästezimmer

Ich weiß, das Folgende, was ich jetzt schildern werde,
klingt wie aus einem schlechten Film oder von jemandem
mit Aufmerksamkeitsdefizit, aber es scheint wirklich so,
als würde es in einem Zimmer unseres Hauses nicht mit
rechten Dingen zugehen.
Wir haben ein Einfamilienhaus mitsamt Keller und einem so
genannten 'Speicher', der aber zu einem modernen
Gästezimmer umgebaut wurde und nicht im geringsten
vollgestellt, dunkel oder unheimlich aussieht (Das Haus ist
auch noch nicht sonderlich alt, höchstens 20-25 Jahre).

Ich weiß nur, dass ich mich dort oben niemals wohl gefühlt
habe. ich bin in diesem Haus aufgewachsen und habe es
geliebt, aber das Gästezimmer habe ich nur sehr ungern
betreten, ich weiß nicht mal warum.
Oben stand auch, bis ich älter wurde und ihn in mein
Zimmer geschleppt habe, ein alter Computer, an den ich
mich hin und wieder gezwungenermaßen gehockt habe, aber
auch nie lange.

Jetzt komm ich aber mal zum Punkt: Mein Vater ist ein
erbarmungsloser Schnarcher, so hat sich meine Mutter hin
und wieder in verzweifelter Müdigkeit nach oben gerettet
und die Nacht auf der Schlafcouch verbracht.
Jedes Mal hat sie davon berichtet, dass sie mitten in der
Nacht von dem Gefühl wach wurde, dass sich jemand zu ihr
aufs Bett setzte.
Sie hat meinen Papa und mich mehrmals beunruhigt gefragt,

26

ob einer von uns das gewesen wäre, was allerdings ziemlich unlogisch wäre... schließlich war das Zimmer jedes Mal vollkommen leer, wenn sie die Augen aufmachte.

Und jetzt war ich an der Reihe. Nachdem meine Mutter vor Beunruhigung keine Nacht mehr in dem Dachzimmer verbrachte, hab ich mich mal dazu entschieden, das Ganze auszuprobieren.
Abgesehen davon, dass ich ungewöhnlich lange gebraucht habe, um einzuschlafen, war mir furchtbar ungemütlich und kalt in dem Zimmer, auch wenn die Temperatur exakt die gleiche wie in meinem Zimmer war.
Irgendwann habe ich es dann doch geschafft, einzuschlafen- allerdings währte das nicht lange.
Um circa 2 Uhr hatte ich das Gefühl, eine Anwesenheit zu spüren. Die Matratze senkte sich leicht und ich hätte schwören können, jemand hätte sich neben mich gesetzt.
Ihr glaubt nicht, wie sehr mein Herz geklopft hat. Ich bin in Schweiß ausgebrochen und hab mich nicht mal getraut, einen Muskel zu bewegen.
Irgendwann bin ich dann doch aufgesprungen und hab das Licht angemacht: Nichts zu sehen. Keine offene Tür oder ein offenes Fenster, gar nichts. Ich hab mir nur noch Decke und Kissen geschnappt und bin runter- und ich muss zugeben, auch wenn ich da schon 15 Jahre alt war- ich hab in dieser Nacht mit im Bett meiner Eltern geschlafen.

Die Karten lügen nicht

Vor vielen Jahren habe ich ein wirklich unheimliches
Erlebnis gehabt. Hier die wahre Geschichte, die mir bis
zum heutigen Tag keine Ruhe lässt:

Ich gebe zu, es war pure Neugier, die mich dazu trieb, mir
Tarotkarten und eine "Bedienungsanleitung" in Form eines
Buches zu kaufen! Schließlich sagte man mir nach, schon als
kleines Kind das "Zweite Gesicht" zu haben. Dinge, die ich
selbst als ganz alltäglich betrachtete, sah mein Umfeld als
schaurig und gruselig an.

Ich setzte mich also hin und probierte und studierte, wobei
ich bemerkte, dass mir die Karten meinen bisherigen
Werdegang berichteten, ich war also noch nicht so weit, in
die Zukunft zu schauen.

Eines Abends wurden wir von Nachbarn eingeladen und ich
war erstaunt darüber, dass sich die Nachbarin neuerdings
für Esoterik interessierte. Ich erzählte beiläufig von
meinen Kartenexperimenten, woraufhin sie mich bat, ihr
doch einmal die Karten zu legen. Ich wehrte ab, dass
konnte ich doch nicht, war doch nur ein kleiner Zeitvetreib,
gab ich zu verstehen. Doch sie bleib hartnäckig und ich ließ
mich breitschlagen, leider.

Diese Nachbarn hatten einen, wie ich glaubte, gutgehenden
Filialbetrieb, die Ehe schien unproblematisch...

Nachdem ich die Karten gemischt hatte und sie, wie geübt
ausbreitete wurde mir schlecht, ein Nebel schien sich um

mich herum zu bilden, ich konnte nichts mehr sehen und trotzdem "sah" ich mit meinem geistigen Augenlicht...

Diese Familie stand vor dem finanziellen Ruin, die Geschäfte liefen sehr schlecht und die Zwangsräumung stand bevor. Außerdem hatte die Ehe durch diese Umstände sehr gelitten, die Frau einen Liebhaber. Von weit her hörte ich diese Frau auf mich einreden, was denn sei, und was ich sehen würde. Dadurch kam ich wieder zu mir, entschuldigte mich, und nur noch ganz schnell in meine Wohnung, nur weg, dachte ich!

In der Nacht habe ich kein Auge zugetan, mir war einfach schlecht, konnte nicht begreifen, was passiert war.

Zwei Tage später war die Zwangsräumung...
Ich war fassungslos und entsetzt!
Aber das war noch nicht alles: Die Karten schienen ein Eigenleben zu führen...
Nach diesem Abend hatte ich sie samt des Buches in einer Schublade verstaut, und mir kam es vor, als wenn sie sich personifiziert hätten, ja, als wenn sie mich zwingen wollten, sie wieder zu legen...

Das war so beängstigend und so unheimlich, dass sich sie samt des Buches in den Müll warf.

Das ist jetzt fast 30 Jahre her, vergessen kann ich das nicht, meine Wohnung schien mir nicht mehr zu gehören, obwohl ich die Karten vernichtet hatte. Irgendwas schien immer noch präsent...Völlige Ruhe hatte ich erst, als ich in unser Haus umgezogen bin, weit weg von diesem schaurigem Ort.

Möglicherweise war es eine vorübergehende Psychose - nur ein Sprichwort hat wohl an Wahrheit gewonnen: "Die Geister die du rufst, lassen dich nicht mehr los"!

Der Schutzengel

Ein seltsames Erlebnis lässt mich nicht mehr los. Es ist
schon einige Zeit seitdem vergangen.
Zu dem damaligen Zeitpunkt fuhr ich 30 km zur Arbeit hin
und auch wieder zurück. Irgendwann (es war schon dunkel)
flog etwas Großes über mein Auto (Fiat Punto) hinweg. Es
hatte rote leuchtende Augen. Zu dem Zeitpunkt, als es
über mich hinweg flog, hatte ich wahnsinnige Angst. Ich bin
so schnell wie möglich nach Hause gefahren. Dieser Vorfall
wurde erst mal weitestgehend verdrängt, bis zu jenem
Abend, an dem ich zuhause auf dem Sofa lag und an der
Scheibe die gleichen Augen (rot) sah. Ich hab das Licht
angemacht und keinerlei Augen mehr gesehen. Das hab ich
dann erst mal wieder verdrängt. Einige Wochen nach diesen
Vorfällen starb meine Tante (Ersatzmutter) an Krebs. Ich
hatte ein sehr gutes Verhältnis zu ihr.

Nach dem Tod sind ca. 3 Monate diese Augen bzw.
Erscheinungen nicht mehr aufgetreten. Jedoch kurz bevor
mein Opa starb, sah ich wieder diese Augen am Fenster.
Auch zu dem Zeitpunkt habe ich die Augen nicht in dem
Zusammenhang gesehen.

Nach weiteren 5 Monaten sah ich wieder diese Augen im
Fenster. Ich wusste zwar schon länger, dass mein Vater
schwer krank war, aber nach ca. 2 Wochen starb er (nicht
unbedingt unerwartet) Aber nachdem ich die Augen im
Fenster sah, hab ich noch mal meine letzte Kraft
zusammengenommen und mich mit meinem Vater
ausgesprochen.

Ich habe mittlerweile niemanden mehr aus meiner Familie. An sich sind meine Arbeit und meine Kollegen meine Familie. Mein Vater hatte einen älteren Hund hinterlassen, den ich zum Glück mit auf die Arbeit nehmen konnte. Das hat auch wunderbar geklappt. Ich habe sehr an dem Hund gehangen.

Irgendwann fuhr ich von der Arbeit nach Hause, Ich wollte noch mit meinem Hund spazieren gehen. Das Auto hab ich mit 100 % Garantie abgeschlossen!!! Ich kam wieder zum Auto, packte den Hund in die Transportbox und wollte einsteigen, da sah ich eine Frau auf dem Beifahrersitz. Sie fragte mich, ob ich sie mitnehmen könnte. Na ja, sagte ich, man steigt nicht einfach so in ein fremdes Auto, es ginge ja mal gar nicht. Es wäre aber wichtig, sagte sie, und nachdem meine Wut langsam weg war, war ich damit einverstanden. Ich hatte selber keine Angst vor ihr oder sonst was. Normalerweise nehme ich keine Anhalter mit und schon gar nicht solche dreisten. Jeden Tag eine gute Tat und so fuhren wir los.

Auf der Straße auf der wir fuhren ist Tempo 100 Km/h erlaubt, meistens fahre ich jedoch nur 80 wegen dem Hund hinten. Irgendwann sagte die Frau zu mir (ich hab sie nie nach dem Namen gefragt) - Fahr bitte etwas langsamer! Ich hab mich danach gerichtet. In der Kurve kam ein Traktorfahrer von einem Feldweg raus gefahren, ohne nach links und rechts zu sehen, wenn ich schneller gewesen wäre, wäre ich nahe frontal in diesen Traktor rein gefahren. Der Traktorfahrer hatte sich so erschrocken, dass er in den nächsten Graben (quasi geradeaus über die Straße in den Graben gefahren ist. Ich hielt an und hab ihn gefragt ob alles ok ist. Nachdem er auch wieder aus dem Graben raus war, wollte ich mit meinem Fahrgast weiter fahren, jedoch war sie nicht mehr da. Ich habe weder ein Türenknallen noch sonst was gehört. Verwundert fuhr ich weiter.

Bis dahin ist noch alles rational erklärbar - wenn auch etwas seltsam. Die Augen erkläre ich mir als Tieraugen (Ich wohne auf dem Land), Das Tier was über mir flog könnte ein Reiher oder so gewesen sein. Die Frau war eine Frau, die keine Lust hatte sich zu gedulden bei dem Fastunfall.

Einige Wochen später wurde ich wieder zurück auf die alte Arbeitsstelle versetzt, weil dort Not am Mann war. Ich hatte mich auch sehr auf meine alten Arbeitskollegen gefreut. Mittlerweile war es Winter und die Straßen in Bayern sind sehr schnell mit Schnee zugeschneit. Ich habe drei Wege zur Arbeit. (Einmal Autobahn - längste Strecke; Überland - 2 Stück). Die Überlandstrecken sind sehr bergig und bei Schneefall schlecht zu fahren ohne Ketten. Ich hasse es Schneeketten aufzuziehen, entschied mich trotzdem für die zweitlängste Strecke (diese Strecke führt über Bahnübergang). Der Bahnübergang ist hügelig und bei Glätte rutschig. Kurz bevor ich hinüber fahren wollte, ging das Auto aus (ich dachte mir - scheiß Dreckskarre - schon wieder kaputt) ich versuchte mehrfach zu starten, ich war ganz alleine dort - unbeschrankter Bahnübergang aber mit Lichtsignal. ich schaute hoch und sah die gleiche Frau wieder (mit ihrem Rock und dem gleichen Oberteil) Sie schüttelte den Kopf. Ich hab mich richtig erschrocken. Mit mal kommt ein Zug von links und knallt mit sehr hoher Geschwindigkeit dort vorbei. (man muss sich das innerhalb von nicht mal mehr einer Minute vorstellen) Wenn ich gefahren wäre, hätte mich der Zug erwischt. Auch das könnte ich erklären (ich schätze einfach ich war an dem Abend überarbeitet gewesen).

Die nächsten Wochen und Monate waren dann etwas ruhiger. Es gab auch erst mal keine weiteren *Vorfälle*.

An einem Herbstabend lag ich mit dem Wautzi auf dem Sofa und streichelte ihn. Ich hab auf Video *Watership down* gesehen. Zwischendurch sah ich nach draußen und dort erblickte ich wieder dieses *Tier* (wenn es denn eines war) Rot leuchtende Augen (die können vom Licht angeblendet werden).

Drei Tage später bricht mein Hund auf der Arbeit zusammen - Ich hab die Arbeit liegen lassen und bin so schnell wie möglich zum Tierarzt. Allerdings war der Ausgang klar. Ich musste ihn einschläfern lassen. Der Hund war 20 Jahre und es war schon lange vorauszusehen dass er irgendwann mal sterben muss. Die Tierärztin sagte zwar er hätte keine Schmerzen gehabt. Aber das beruhigt in der Situation nicht wirklich. Zumal ich wirklich alles für das Tierchen getan hätte. Mehrfach musste ich ihn schon reanimieren. (Herzprobleme) Aber das ist nicht das Thema.

Nachdem ich dann meinen Hund einschläfern lassen musste, wurde ich depressiv. Ich habe sehr an dem Kerl gehangen, seiner feuchten Nase und seiner Wärme. Die Depressionen wurden immer stärker. Die Arbeit fiel mir immer schwerer und irgendwann war es soweit. Ich wollte mich an den Gleisen umbringen. Ich stand auch dort, nachts gegen 1 Uhr. Normalerweise kommt dort niemand vorbei. Da stand sie wieder. Jene Frau, die mir schon bereits bei dem Traktorfahrer begegnet ist, jene die mir schon auf den

Gleisen begegnet ist. Ich fühlte mich beobachtet und so lies ich von meinem Vorhaben ab. Heute bin ich in keinster Weise mehr depressiv.

Am nächsten Morgen rappelte ich mich wieder zur Arbeit auf und es lief wieder einige Zeit gut.

Ich war irgendwann wieder mit dem Auto unterwegs in der Innenstadt in einer Schrittgeschwindigkeitszone. Mein Auto sprang wieder nicht an. Boahhh dachte ich, zum Kotzen. Ich sah die Frau am Kloster stehen, mit mal knallt ein Kurierfahrer an mir vorbei übersieht das entgegenkommende Auto und die beiden crashen ineinander. die eine Autofahrerin verstarb im Krankenhaus. Wäre ich gefahren, wäre ich tot. Danach sprang mein Auto wie auch an den Bahngleisen wieder normal an. (In der Werkstatt war nach einer gründlichen Untersuchung nichts festzustellen)

Genau in der gleichen Woche stand ich wieder mal mit meinem Auto an einer Ortstraße (50 km/h) und es startete wieder nicht. Ich dachte mir schon, na, gleich knallt es wieder irgendwo. Und siehe da, es knallte wieder. Mittlerweile schmunzelte ich ja schon etwas. So viele Zufälle kann es gar nicht geben. Mit dem Auto haben sich bis heute allerdings keine weiteren Ereignisse ergeben.

Jedoch sah ich gestern wieder die roten Augen durchs Fenster. Ich habe seit den ganzen Vorfällen das Gefühl, dass sich wieder etwas ankündigt, etwas Schlimmes. Wie soll ich damit jetzt umgehen, es ignorieren? Ich sollte damals Fotos machen von den Augen. Sie bleiben danach aus.

An sich kann ich alles rational und physikalisch, chemisch erklären. In allen Fällen könnte ich übermüdet gewesen sein. - Also was die Frau jetzt betrifft. Was die Augen betrifft - Tieraugen vielleicht sogar Rücklichter von Autos in entfernter Straße, die vielleicht dort wenden. Ich mag nicht an was Übernatürliches glauben. Jedoch hab ich Angst, dass wieder jemand in meinem Umfeld sterben könnte. (Freunde) - Familie hab ich ja nicht mehr.

Sollte ich mir Sorgen machen?

Die schwarze Gestalt

Ich bin 13 Jahre alt und hatte ein Erlebnis. dass mich immer noch bedrückt.

Vor ca. 3 Jahren wohnten wir auf einem Bauernhof auf dem wir uns alle sehr wohl fühlten. Damals war ich so um die 10 Jahre alt. Als wir dort einzogen erzählte die Vormieterin so nebenbei, dass sie öfters Geräusche hört, meine Eltern dachten sich aber nichts dabei.(könnte ja ein Siebenschläfer oder sonstiges am Dachboden sein). Das Haus hatte 3 Stockwerke, einen Keller mit mehreren Räumen (es gab aber nicht in jedem Raum ein Licht) und 2 Dachböden.Im Erdegeschoss befanden sich Wohnräume so wie ein Bad.
In der 2.Etage befand sich mein Zimmer (ich hatte 2 Zimmer: Schlafzimmer und Spielzimmer) und die 2 Zimmer meines Stiefbruders. Ganz oben waren 2 Dachböden und das Schlafzimmer meiner Eltern und 2 weitere Bäder.
Meine Mutter erzählte mir immer wieder, dass sie etwas hörte, wir dachten aber alle es seien irgendwelche Tiere am Dachboden.
Wir hatten auch noch 3 Hunde, einer davon schlief immer bei mir mit im Zimmer. Doch einmal in der Nacht bellte mein Hund und ich erschrak, da ich so tief geschlafen hatte. Da der Mond ins Zimmer leuchtete, erkannte ich Umrisse meiner Schränke und sonstiges. Als der Hund bellte, schaute ich ganz erschrocken herum und fragte mich, was los sei, doch dann sah ich eine Schwarze Gestalt vor meinem Bett, ich hatte solche Angst, dass ich mich

schweißgebadet unter meiner Bettdecke versteckte. Ich traute mich auch nicht zum Lichtschalter zu greifen, da ich solche Angst hatte.
Irgendwann entschloss ich mich dazu aus meiner Bettdecke herauszuschauen, ich sah diese Gestalt, sie ging in meinem Zimmer im Kreis und zum Schluss kam sie langsam auf mein Bett zu , ich griff einfach zum Lichtschalter rannte nach Oben, klopfte wie wild an der Türe meiner Mutter und schrie ängstlich was passiert ist. Daraufhin durfte ich bei ihr schlafen.

Das Schlimmste ist, ich bin mir sicher dass ich es nicht geträumt habe, oder es mir nur vorgestellt habe, denn mein Hund blickte genau zu dieser Gestalt und bellte und knurrte es an.
Heute ist dieses Ereignis schon länger her und wir wohnen woanders, nicht wegen diesen Ereignissen, sondern einfach daher, weil der Vermieter seine Schwester mit Kind in diesem Haus einziehen lassen wollte.
Das Problem ist das ich ein bedrückendes Gefühl habe. Ich habe das Gefühl der Geist braucht mich, oder ich muss ihm helfen!
Als ich noch dort wohnte, war immer ein Junge in meinem Bus, der mir mal erzählt hatte, dass in diesem Haus ein Bauer seine Frau umbrachte und als wir dort einzogen waren im Keller Knochen, man wusste aber nicht ob diese von Tieren stammten, oder von einem Menschen.

Alles ist so eigenartig.

Eingebildet habe ich mir es bestimmt nicht, da der Hund ja das "Wesen" anbellte und auch genau dort hin starrte.

Manchmal träume ich von diesem Haus, was wahrscheinlich auch normal ist, weil wir ja eine längere Zeit dort gewohnt haben. Aber einmal hatte ich diesen Traum dass ich in diesem Haus war und ein Geist mich um Hilfe gebeten hat.

Mama

Bei uns in der Familie sind auch seltsame "Dinge" passiert.
Vor allem meine Mutter nimmt sie stark wahr.

Als ich auf die Welt kam, war meine Mama für ca. 2
Minuten tot. In dieser Zeit sah sie ihren Vater, der sie
zurück winkte und sie machte die Augen wieder auf. Ab da
geschahen immer mehr seltsame Dinge.

Eines Nachts träumte sie von einem kleinen blonden Jungen
der weinend in der Ecke saß. Als sie am nächsten Tag
aufstand, schenkte sie ihrem Traum keine Beachtung mehr.
Ein paar Stunden später klingelte das Telefon und mein
Onkel rief an um uns zu sagen, dass meine Oma gestorben
sei. Meine Mama sagte zu meinem Papa, dass wir dann (hört
sich jetzt doof an) aber endlich meinen kleinen Cousin
sehen würden. Er war knapp ein Jahr alt und wir hatten ihn
bis dahin noch nicht gesehen. Am Abend desselben Tages
klingelte erneut das Telefon und mein Onkel rief an und
sagte uns daß eben dieser kleine Cousin eben gestorben ist.
Am Tag der Beerdigung, sollte meine Mama wieder der
Traum in den Sinn kommen. In dem kleinen weißen Sarg, lag
der kleine, blonde Junge aus ihrem Traum!

Ein paar Jahre später starb meine Nachbarin an Krebs. In
der Nacht als diese starb, träumte meine Mama von ihr.
Meine Nachbarin sagte ihr, dass es ihr nun endlich wieder
gut ging. Meine Nachbarin hatte mir versprochen mal auf
meinen Sohn auf zu passen wenn es ihr besser ginge. 4
Tage nach ihrem Tod war mein Mann mit unserem 4 Monate

alten Sohn allein zu Haus. Mein Mann saß auf der Toilette als ihn irgendwer oder irgendwas davon runter zog und ihn zum Laufstall führte. Mein Mann fand darin meinen Sohn mit blauen Lippen. Da er ihn so schnell gefunden hatte, konnte mein Sohn, rechtzeitig zurückgeholt werden. Für mich stand sofort fest wer uns da geholfen hat. Drei Tage nach der Beerdigung, träumte meine Mama wieder von der Nachbarin. Diese hat sich von ihr verabschiedet und gesagt, jetzt sei alles wieder gut.

Wiederum einige Monate später fuhr ich mit meinem Sohn im Auto. Ich kam aus unerklärlichen Ursachen von der Strasse ab und der Wagen überschlug sich mehrmals. Während der Überschläge sah ich 2 Personen jeweils eine neben uns sitzen die uns anlächelte, aber den Kopf schüttelte. Wir haben den Unfall Beide unverletzt überstanden!!!

Ein anderes Erlebnis. Meine Mama war seit Jahren mit ihrem Bruder zerstritten. In der Nacht seines Todes träumte meine Mama von ihm. Er stand auf einer Wiese. Die eine Seite hell mit all unseren verstorbenen Verwandten und die andere ganz dunkel. Mein Onkel konnte sich nicht entscheiden wohin er ging. Am Morgen teilte uns seine Frau mit, das er gestorben ist.

Vor 3,5 Jahren als meine Oma starb waren wir am Tag zuvor noch im Krankenhaus. Wir standen um Ihren Bett. Meine Mama, Omas Lebensgefährte und ich. Nachdem wir wieder gegangen sind hatte ich ein ganz komisches Gefühl. Ich sah die ganze Zeit jemanden Umrisshaft am rechten

Kopfende meiner Oma stehen. Meiner Mama ging es genauso. Auch sagte meine Mama, daß sie diese "person" nicht als schemenhaft wahrgenommen hatte, sondern wisse, wer das war. Es war mein Opa. Am nächsten Tag war meine Oma tot. Wir wollten sie noch mal sehen. Neben ihrem Kopf stand dieses Mal wieder 1 Person und lächelte.

Der Tag der Beerdigung kam. Ich stand am Grab und weinte bittere Tränen. Das Wetter war eiskalt. Auf einmal wurde mir aber sehr warm und ich sah hoch. Da stand doch tatsächlich meine Oma neben ihrem Saarg und schüttelte ganz ungläubig den Kopf. Sie konnte es wohl nicht verstehen dass ich so trauerte und auch mein kleiner Sohn so herzzerreißend weinen musste. Meine Oma hat uns noch lange Zeit zu Hause besucht.

Wenn wir auf dem Friedhof sind (wir haben ein Foto von ihr am Grabstein) scheint sie manchmal zu lachen und manchmal ganz traurig zu schauen. Eines Tages stand meine Mutter an ihrem Grab und hörte wie meine Oma sie bei ihrem Vornamen nannte und sagte:" ...geh ganz schnell heim!" Als meine Mutter nicht reagierte, wurde die Stimme immer lauter und eindringlicher, bis meine Mama angstvoll und fluchtartig den Friedhof verließ. Am nächsten Tag lasen wir erstaunt in der Zeitung, dass in der Nähe des Friedhofs, ein entflohener Sexualstraftäter festgenommen werden konnte!

Ruhelos

Ehe ich zu meiner eigentlichen Geschichte komme, etwas zu meiner Person: Ich (19 Jahre) wohne in Deutschland, mein Vater kommt allerdings aus Thailand und lebt dort, zusammen mit meiner Schwester und meinem Bruder (beide jünger). Er kommt mich öfters besuchen.

Nun ist es so, dass ich vor rund zwei Jahren angefangen habe eine thailändische Frau zu "sehen" – hier, in Deutschland. Ich kenne sie nicht, kann aber inzwischen sicher sagen, dass sie nicht zur Familie gehört (also auch keine entfernte Verwandte oder auf irgendeinem Foto zu sehen, etwa eine Tante, als sie jung war).

Das erste Mal, dass sie mir "erschien" – ich glaube, diese Ausdrucksweise beschreibt es besser –, saß ich im Haus meiner Eltern in meinem Zimmer. Es war spätabends, ich saß an meinem Laptop, und draußen tobte ein Gewitter, als ich plötzlich bei einem Blitz, der durchs Fenster schien (Fenster lag hinter mir), einen Schatten auf meinem Tisch wahrzunehmen glaubte. Ich fuhr herum und starrte nach draußen (Zimmer liegt im 2. Stock, kann deshalb eigentlich keiner von der Straße gewesen sein). Einen Augenblick später blitzte es erneut, und ich sah die Frau diesmal vor meinem Fenster "schweben" – das heißt, es sah so aus, als stände sie in der Luft.

Ich sah sie nur für den Bruchteil einer Sekunde, denn mit dem Blitz verschwand sie wieder. Ich hatte mich ziemlich erschrocken, aber okay, ich glaubte halt an eine Einbildung, ich war schon ziemlich müde.

An diesem Abend erschien sie nicht mehr.

Ich kann mich nicht mehr genau an mein nächstes Erlebnis erinnern. Es muss einige Wochen später gewesen sein; am Anfang sah ich diese Erscheinung noch selten, später immer öfters und auch länger.

Einmal beispielsweise saß ich am helllichten Tage in der Küche und aß eine Pizza, als ich aus dem Augenwinkel jemanden durch die Tür reinkommen sah. Ich achtete nicht weiter drauf, da ich dachte, es wäre meine Mutter. Die Gestalt ist dann durch die zweite Tür in meinem Rücken ins Wohnzimmer gegangen. Doch kurz bevor sie hindurchging und die Tür schloss, habe ich mich umgedreht und erschrak, als ich sie sah (ich kannte inzwischen ihr Gesicht und erkannte sie als diese mysteriöse Frau). Sie blickte mich einen Moment an, dann trat sie durch die Tür. Ich habe mich höllisch erschrocken und bin aufgesprungen und ihr hinterhergelaufen, aber das Wohnzimmer war leer.

Habe das ganze Haus durchsucht, konnte sie aber nicht finden.

So ungefähr sahen die Erscheinungen aus; mal habe ich sie im Spiegel hinter mir gesehen, mal sah ich sie durch eine leicht geöffnete Tür hindurch, doch sobald ich sie bewusst wahrgenommen habe und "verfolgen" wollte, verschwand sie spurlos. Es kann gut sein, dass ich mir die Frau oft auch nur irgendwie eingebildet habe oder vielleicht sogar geträumt habe (aber bei manchen Erlebnissen schließe ich das aus. Und ich habe vorher nicht besonders an Geister oder dergleichen geglaubt, mich aber auch nie tiefer mit der Materie befasst.)

Anfangs machte die Frau mir ziemlich Angst, doch später verlor ich die Angst vor ihr, denn es war eigentlich nichts an ihr, was sie an für sich Furcht einflößend gemacht hätte – aber es war mir dann doch ziemlich unheimlich.

Die Frau kam mir nämlich eindeutig bekannt vor, aber ich wusste einfach nicht, woher oder wer sie ist (und sie war eindeutig Thai). Als ich dann das nächste Mal nach Thailand flog, habe ich überall nach ihr Ausschau gehalten, geguckt, ob ich sie nicht irgendwo finde oder doch auf einem Foto. Ich hatte sie zuvor mit Sicherheit schon mal gesehen. Aber ich konnte sie nicht finden. Ich habe sogar meinen Vater befragt und meine Geschwister (habe ihnen nicht von meinen Erscheinungen erzählt, nur die Frau beschrieben und sie gefragt, ob sie sie kennen). Ich hatte noch Niemanden davon erzählt, merke selbst, wie abstrakt das alles klingt, während ich es schreibe).

Na ja, jedenfalls bin ich dann nach Deutschland zurückgekehrt, "ungetaner Dinge" praktisch. Als ich hier ankam, habe ich ein mysteriöses Foto auf meinem Schreibtisch vorgefunden, das eindeutig eine kleine thailändische Straße zeigte, auf der ebenjene Frau zu sehen war. Ich habe das Foto lange betrachtet und bin schließlich zu meiner Mutter gegangen, um sie zu fragen, ob sie es dorthin gelegt hätte. Als ich nach dem dürftigen Auspacken zurück ins Zimmer kam, war das Foto spurlos verschwunden.

Eine Einbildung? Ich war zwar müde von der Zeitumstellung,

aber ich habe das Foto gut zwei Minuten lang gesehen und sogar angefasst. Und doch war es ebenso plötzlich wieder weg.

Ich habe auch meine Großeltern gefragt, ob das Bild von ihnen stammt (sie haben während unserer Abwesenheit ein paar Mal nach unserem Haus geschaut), doch nein, nichts.

Das ist ungefähr ein Dreivierteljahr her. Seither sind die Erscheinungen auch seltener geworden, aber manchmal sehe ich die Frau immer noch. Ich weiß noch immer nicht, was es damit auf sich hat und wer die Frau ist, und war seither nicht mehr in Thailand. Auch wenn das Foto wieder weg ist, so habe ich es noch ziemlich klar im Kopf, und wenn ich das nächste Mal Thailand besuche, werde ich definitiv nach dieser Straße Ausschau halten.

Meine Aufpasser

Ich möchte euch gerne einmal hier meine Erlebnisse
schildern. Niemand hat mir bis jetzt geglaubt, oder wollte
mich ernst nehmen.

1.Erlebniss:
Als ich klein war, hatten mir mein Onkel und eine meiner
Tanten (ich hatte 4 Tanten und 2 Onkel) immer Streiche
gespielt und mich erschreckt. Neben meinem Kinderzimmer,
befand sich eine große Abstellkammer, die meine Eltern mit
einem großen Teppich abgedeckt hatten, da es keine Tür
gab.
Diese Kammer war so breit, das darin eine große Matratze
Platz fand und dies ein zusätzliches Spielzimmer für mich
und meinen Bruder ergab. Auf jeden Fall versteckten sich
dort mein Onkel und meine Tante und warfen meine
Spielsachen raus und machten dabei komische Geräusche
um mir Angst zu machen.
Als ich 6 war, verstarb mein Onkel bei einem Autounfall (er
war erst 28 Jahre jung) auf tragischer Weise. Danach fing
alles an.
Am Tag seiner Beerdigung, durfte ich nicht dabei sein, da
ich zu klein war. Meine Mutter hat mir als ich älter wurde
erzählt, dass ich in der Nacht von meinem Onkel geträumt
hatte und zwar, dass er auf dem Mond saß in einem blauen
Anzug, mir die Hand reichte und zu mir sagte ich solle mit
ihm gehen. Meine Mutter meinte zu mir, dass ich eigentlich
gar nicht wissen konnte, dass er einen blauen Anzug am Tag
seiner Beerdigung getragen hatte, da ich ja nicht zur
Beerdigung durfte. Ich konnte ihr aber genau beschreiben,
was er getragen hatte. In dieser Nacht, musste ich ins

Krankenhaus, weil ich über 40 Grad Fieber bekommen hatte und fast gestorben wäre. Leider kann ich mich daran überhaupt nicht erinnern, aber meine Mutter erzählte es jedes Mal. Sie erzählte mir auch, dass mich mein Onkel abgöttisch geliebt hatte und das mehr, als seine eigenen Kinder.

Als ich dann mal in der Badewanne saß, hüpfte ein roter Plastikball ins Badezimmer herein (die Tür stand offen) ich dachte, dass es meine Mama war, aber die kam später dann von meiner Oma hoch und da wurde mir bewusst, dass niemand außer mir in der Wohnung war.

Ein anderes Mal lag ich in meinem Kinderzimmer im Bett und spielte "Schwangerschaft". Auf dem Boden lag eine Puppe von mir, die plötzlich nach vorne kippte und wieder zurück fiel, so als wäre etwas darüber gestolpert. Fenster waren alle zu also konnte es kein Windhauch gewesen sein und ich hätte was gespürt.

Zudem hatte ich immer wieder denselben Traum, indem ich im Bett liege und schlafe und plötzlich, geht ein Radio an und Musik ertönt. Ich versuche die Musik zu ignorieren und will weiterschlafen, da ich total müde bin, als mich urplötzlich eine kalte und sehr raue Stimme anschreit (ich konnte aber nie ein Wort davon verstehen) ich wurde dann immer sofort wach und bin zu meinen Eltern gerannt.

In meiner Kindheit sind dann noch so einige Unfälle passiert, wo jeder meinte ich hätte echt einen guten Schutzengel gehabt.

Ein paar Jahre später sind wir dann umgezogen. Meine

Eltern ließen sich scheiden und meine Verwandten bekamen Streit und so blieben nur noch Meine Mutter, mein Bruder und ich übrig.

Durch die ganzen Ereignisse als Kind, habe ich ohne Witz bis zu meinem 16 Lebensjahr, bei meiner Mutter im Bett geschlafen und dort hörte ich jede Nacht über meinem Kopf so Klopfgeräusche, wie als würde jemand mit den Fingern trommeln, erst langsamer und dann immer schneller, bis es irgendwann von alleine abrupt aufgehört hatte...oder ich dann irgendwann eingeschlafen bin, da ich mich nach ner zeit daran gewöhnt hatte. Am Tage war dieses Trommeln wieder da und irgendwann, als ich mich dann überwinden konnte in meinem eigenen Zimmer zu schlafen, war das Geräusch einmal direkt neben meinem Gesicht auf der Matratze.

Das Schlimmste passierte aber einmal abends, als meine Mutter und mein Bruder nicht zuhause waren. Zu dem Zeitpunkt hatten wir übrigens einen Hund. Ein Weibchen namens Lucky, die draußen im Flur schlief. Ich schaute zu der Zeit fern, als sie plötzlich zu mir gerannt kam, als wäre der Teufel persönlich hinter ihr her gewesen. Sie sprang zu mir auf die Couch und bellte die Tür an. Sie drückte sich dabei immer enger an mich, so als käme langsam etwas auf sie zu, bis sie auf einmal winselte und den Kopf beugte. Dann war wieder alles ok, doch sie zitterte am ganzen Körper. Danach hat es aber nie wieder so einen Vorfall mit Lucky gegeben. Es gab dafür noch andere kleinere Dinge die so passiert sind aber alles hörte schlagartig auf, als meine Oma verstarb.

Naja heute bin ich verheiratet und wohne auch woanders und wenn ich heute daran denke, glaube ich, dass es vlt. all

die Jahre mein Onkel war und das ihn meine Oma
mitgenommen hat. So als wollte mein Onkel nicht alleine im
Himmel oder so sein, denn nachdem meine Oma verstarb
nahm ich an manchen Tagen sehr intensiv ihren Geruch war,
denn ich auch nur von ihr kannte und auch meine Mutter
hat ihn gerochen. Bis heute habe ich nun nichts
außergewöhnliches mehr wahrgenommen (im Haus).

2. Erlebniss
Etliche Jahre später musste ich nach Heidelberg ins
Krankenhaus, da mir am Kiefer ein eigenartiger Knorpel
wuchs, der immer größer wurde. Keiner der Ärzte konnte
mir sagen, was es war, beziehungsweise wollte mir
sagen ,dass es ein Tumor sein könnte.
Ich sollte also operiert werden.

Am Tag vor der OP saß ich auf dem Balkon und habe eine
geraucht (ja so naiv war ich),
als ein Arzt zu mir raus kam, mit einem Stück Kuchen in
der Hand. Wir unterhielten uns ein wenig und nach einer
Weile, sind wir dann zu meinem Kiefernleiden zu sprechen
gekommen. Nach meinen Erzählungen sagte er mir ich soll
mir keine Sorgen machen, denn es wäre kein Krebs. Ich soll
abends so um acht ins Foyer runter kommen, dann könnten
wir uns darüber mal unterhalten.
Ich überlegte hin und her und bin dann doch gegangen.
Um Punkt acht war er da und sagte mir in einem Gespräch
noch mal ausführlich, ich solle keine Angst haben, es wäre
kein Krebs. Er fasste es auch an und untersuchte den
Knorpel. Er erzählte mir übrigens auch, dass er in dem
Krankenhaus neben seinem Ärztedasein für die ganzen
Moslems Predigen hält (sowie ein Pfarrer eben)
Nach unserem Gespräch versprach er mir, mich persönlich

für die OP abzuholen und mich zu begleiten...doch leider kam er nicht.

Nach meiner OP sah es erst gar nicht gut aus, da der Knorpel tiefer saß als man gedacht hatte und sie mussten mir einen Nerv durchtrennen. Meine Mutter hatte sich schon dass Schlimmste ausgemalt und wir mussten aber noch auf die Ergebnisse warten.
Nach ein paar Tagen dann endlich die aufatmende Nachricht, dass es nur ein Lymphknoten war, der sich entzündet hatte.
So erleichtert von der guten Nachricht, wollte ich den Arzt finden um ihm zu sagen, dass er Recht hatte, doch der einzige Hinweis war, dass er noch moslemische Religion gab.
Doch jeder sagte mir nur, dass es so einen Arzt hier nicht gäbe und ich habe ihn auch nie wieder gesehen.

Nicht normal

Ich erzähle Euch meine Ereignisse, weil ich denke, dass ich im " Real - Life " sowieso
nicht Ernst genommen werden würde.

Ich hatte früher / bzw. noch immer (jedoch hat es sich gebessert) Probleme mit den Menschen zu kommunizieren. Ich denke noch immer, dass ich damals eine Soziale Phobie hatte (ich war nicht beim Psychologen oder sonstigem). Mittlerweile bin ich auf den Punkt angelangt, wo ich mich "verstelle" um anderen Leuten zu gefallen, ich kenn mich selbst nicht so richtig.
 Übrigens, einige Leute (Besser gesagt eine Person) meinten, ich wäre ein "Indigo - Kind". Mit dem Thema hab ich mich nicht besonders auseinander gesetzt, daher weiß ich auch nicht wirklich ob dies stimmt oder nicht.

Kommen wir jetzt zu meinen Ereignissen.........
1.) Ich bin freitags und samstags immer sehr lange auf (gehe bis 03 - 04 nicht schlafen) - da gehe ich auch sehr spät duschen (ca. 02 Uhr).
Da wir erst vor kurzem in dieses Haus eingezogen sind, (na ja so kurz ist dass jetzt auch nicht ...) , gibt's da wo die Dusche ist, keine Möglichkeit die Tür zu schließen. Von Spiegel heraus sehe ich immer ein junges Mädchen, sehr dreckig - man sieht das Gesicht nicht. Manchmal sitzt Sie auf den PC (da schaut sie auf den Monitor) - manchmal ist Sie einfach nur im Zimmer. Ich kriege da (sry für die Ausdrucksweiße) ziemlich schiss.

Ich hab die Gewohnheit, vor dem Schlafen Musik zu hören.

Ich drehe die Musik voll auf, trotzdem "spüre" ich etwas.
Etwas was mir näher kommt. Wenn ich die Musik abschalte
ist es weg.
Übrigens - sonst habe ich manchmal auch das Gefühl
beobachtet zu werden. Selbst wenn die Sonne scheint,
mache ich lieber meine Vorhänge zu!
Jemand in meiner Familie hat mir mal erzählt....... ich
versuche es so "anonym" wie möglich zu machen:
Der Person. Nr1 war an diesen Abend betrunken. Er hat
wortwörtlich einfach nur Scheiße gemacht - hat Gläser
kaputt gemacht... Wie es halt manche Betrunkenen tun.
Das Haus war jedoch nicht von ihm, sondern von seinen
Vater (der verstorben war). Auf jeden Fall hat mir diese
Person erzählt, das er dann die Tür geöffnet hat und
gesagt hat "Was machst du da mit meinen Haus". Laut
dieser Person die es mir erzählt hat, war es draußen eine
regnerische Nacht......

2.) Manchmal hab ich das Gefühl - Hey, diesen Ort kenne
ich. Ich weiß, dass ich bei jeden so...jedoch denke ich dass
es bei mir bisschen extremer ist.
Ich bin ein "fester" Schläfer, meine Träume vergesse ich
sehr schnell wieder. Ich weiß Sie nur, wenn ich direkt
aufgestanden bin.... ein paar mal ist mir passiert, dass das,
was ich geträumt habe auch wirklich passiert ist. Ich weiß,
das hat Gewisserweise keine Logik, da ich meinte ich wär
ein fester Schläfer, jedoch knallt mir dieser Traum ins
Hirn, erst dann als mir das passiert ist. Und dann fällt mir
auch ein - dass wollte ich ja auch meinen Bruder erzählen.
Natürlicherweise wenn ich es ihm in diesen Moment erzähle,
wo das ganze passiert ist, glaubt er mir doch sowieso nicht
mehr.

Die Beschwörung

Es war an einem Wochenende, Anfang der großen Ferien hier in Luxemburg. Meine damalige beste Freundin ist zu mir gekommen und hat bei mir geschlafen, für 3 Tage. Abends saßen wir in meinem Zimmer vorm Fern, als wir die Sender geswitcht haben und eine Geisterjagd mit angeschaut haben(weiß leider nicht mehr, wie die Sendung heißt). Da kam meine beste Freundin mit der Idee, eine Geisterbeschwörung zu machen.

 Ich war nicht gerade begeistert von der Idee, weil ich so was noch nie probiert habe und weil ich damals noch nicht an solche mysteriöse Ereignisse geglaubt habe. Doch ich wusste damals nicht, dass es mein ganzes Leben ändern würde. Also kam sie eben mit der Idee mit der Geisterbeschwörung. (Ich hatte alles ausgeschaltet, was im Raum war, hatte alle Stecker raus gezogen und alle Fenster geschlossen und versucht sie luftdicht zu verschließen. Licht war auch aus, die Tür zugesperrt, ich hatte sogar die Batterie der Fernsteuerung des Fernsehers rausgenommen und in eine Kiste gelegt!!) Sie hatte ein Gläserrückbrett dabei. Also legten wir dieses auf den Boden und zündeten ein paar Kerzen an (die uns das einzige Licht in dem Raum gaben). Zuerst dachte ich mir nichts dabei und lachte, da ich nicht daran geglaubt habe, dass es wirklich funktionieren würde. Sie nahm mich bei beiden Händen und fing an etwas vor sich hinzuflüstern, ich machte einfach mit. Plötzlich fingen die Kerzen an zu flackern, ich dachte mir nichts dabei. Wir legten beide unsere Zeigefinger auf das Glas des Gläserrückbretts und nach einer Zeit bewegte sich das Glas sehr langsam. Plötzlich fiel etwas von meinem

Regal herunter, wir erschraken beide und meine Freundin sagte, wir hätten Besuch von Geistern. Ich hatte wieder gelacht und ich spürte dann etwas sehr unangenehmes, als würde mich etwas anfassen und dacht es wäre meine Freundin, bis ich feststellte, dass sie mich entsetzt an starrte. Ich drehte mich um und sah eine weiße Gestalt, die wieder verschwand, als plötzlich mein Fernseher von selbst anging(der Stecker war nicht in der Steckdose!!) Ich erschrak und schrie. Sofort brachen wir dieses Spiel ab, bliesen die Kerzen aus und hofften, dass diese "Geister" oder dieser "Geist" weg waren. Danach gingen wir schlafen. Wir dachten der Geist wäre weg und wir hätten wieder unserwn Frieden, doch da haben wir uns echt getäuscht. Meine Freundin ging am selben Morgen wieder nach Hause und als wir dann abends wieder miteinander telefonierten, erzählte sie mir, dass sie eine weiße Gestalt gesehen habe, die mit ihr im Auto saß, als ihr Vater sie abholengekommen war. Sie sagte, sie fühle sich beobachtet. Mir war das auch passiert, und bei mir zuhause fing es an, sehr komisch zu werde. Ich sah dauernd diese weiße Gestalt, fühlte mich beobachtet, spürte, dass mich jemand anfasste. Das ging sehr lange so, jeden Tag, jede Stunde, 5 Wochen lang. Dann habe ich mal im Internet recherchiert und fand etwas; dass man den Geist den man rief wieder wegschicken soll, was wir ja nicht getan hatten aus Angst. Also fing ich an wieder den Geist zu mir zu rufen, und dann wieder freundlich zu entlassen. Ich erzählte meine Freundin davon, die wollte es nicht machen, deswegen tat ich es alleine. Nachdem ich diesen Zauber durchführt hatte, passierte mir nichts mehr so eigenartiges wie in den 5 Jahren, meine Freundin "plagt" es bis heute noch... Weiterhin glaube ich noch immer an Geister sie leider nicht mehr... Das ist eine wahre Geschichte.

Die Verabschiedung

Meiner Meinung nach ist das der Beweis das es wirklich Geister oder paranormale Dinge gibt.

Es ist ca. 1,5 Jahre her... meine Oma erkrankte durch ein Schlaganfall und lag ca. 1 Woche im Krankenhaus... Tag für Tag würde der Zustand immer schlimmer... sie lag so wie etwa in einem Wachkoma... sie war da... aber in einer anderen Welt!!! Sie hat ihre Hände bewegt, manchmal sogar was genuschelt!!!
Ich hatte mich weil ich es einfach nie für wahr haben wollte (wir sind davon ausgegangen das sie stirbt) nicht ins Krankenhaus getraut und jeglichen Besuch vermieden.

Nun gut, ich hatte mich dann doch getraut und wie gesagt, sie sah eigentlich ganz normal aus. Hatte nur ihre Augen zu und ihre Hände bewegt (als würde sie ein Regal sauber wischen und ein Regal einräumen) ... jeden Abend habe ich innerlich zu mir gesagt... Oma geh nicht von uns fort, bleib bei uns. Bleib uns erhalten.. du schaffst das, wir kümmern uns um dich!

Ein paar Tage später, es war ein Sonntag, bin ich mit meiner Mutter und unserer Nachbarin auf den Flohmarkt gefahren und haben dann danach meine Oma im Krankenhaus besucht. (Eigentlich wollte ich nicht, weil ich ja von meiner Mutter und Tante, und Papa wusste, dass sich der Zustand verschlimmert hat und sie jetzt einfach nur da liegt)

Ich traute meinen Augen nicht.... ich hab sie echt nicht erkannt... ihr Körper war komplett aufgeschwemmt, ihre Hände waren dick, ihre Beine waren dick, ihre Füße waren dick. Es war also ein ganz schlimmer Anblick...
ich sass regungslos auf dem Stuhl und dachte bzw. sprach zu meiner Oma.... " Du kannst gehen, quäl dich nicht, geh an diesen anderen Ort... wir werden hier das alles schaffen"

Ich könnte sie auch nicht anfassen oder sie umarmen... weil es komisch war, ich hatte Hemmungen in Tränen auszubrechen.

Wir sind dann nach Hause gefahren... der Tag verging wie jeder andere auch... abends so gegen 00: 30 sass ich im Wohnzimmer und schaute Fernsehen...meine Eltern waren bereits im Bett und schliefen tief und fest... bis ich auf einmal ständig Schritte und Geräusche in der Küche und im Flur hörte..... die ganze Zeit... die Schritte sind dann irgendwie in mein Zimmer geführt... Schritte in der kompletten Wohnung... dann auf dem Dachboden... dann ein ganz leises Klopfen... also ich hatte es dann echt mit der Angst zu tun gehabt, weil ich mir auch leicht beobachtet vorkam.

Ich hab das Licht, Fernseher etc. alles ausgemacht und habe mich jaaaa.. ich meine es ernst... in meinem Zimmer eingeschlossen

Ich hörte dann noch von meinem Zimmer aus wie das Wohnzimmer lebendig wird und die ganze Zeit jemand dort rum läuft.
Erst jemand zur Schlafzimmertür, und dann wieder zu meiner Tür... dann hörte ich wie jemand die Tür vom Büro

meines Vaters aufmacht und zack war dieses Gefühl da es steht jemand in meinem Zimmer und lächelt mich an....
dieses Gefühl war so intensiv das ich es unterdrückte und meine Augen zu machte und versuchte zu schlafen.
Die ganze Zeit verfolgte mich dieses Gefühl... es steht jemand neben dir, er kommt näher, er setzt sich vor dein Bett... er redet mit dir in Gedanken... also ganz gruselig wurde das... irgendwann bin ich eingeschlafen und meine Mutter weckte mich morgens und sagte gestern Nacht um 1 Uhr ist die Oma gestorben.... ihr Atem hatte ausgesetzt... Darauf hin war ich so perplex, dass ich erst mal meine Mutter fragen musste ob sie wach gewesen war und vielleicht auf die Toilette war... Nein, ich habe durch geschlafen bis eben, antwortete sie mir...

Ich lege meine Hand dafür ins Feuer das in dieser Nacht meine Oma kam um sich von mir zu verabschieden.... bzw. von meinen Eltern... oder nach dem Rechten zu schauen... aber sie war auf jeden Fall da!!!

Die Idee

Vor 10 Jahren ungefähr war ich eines schönen
Sommertages bei einem Kumpel. Wir saßen in seinem alten
Kinderzimmer mit ein paar von seinen Geschwistern
(Großfamilie) und langweilten uns, bis einer auf die Idee
kam, Gläserrücken zu machen. Dazu nahmen wir einfach nur
ein A3 Blatt bzw. eine A3 Pappe, schrieben alle Buchstaben
auf, 1-10 - JA und NEIN. Und weil es ja eigtl. nur ein Joke
werden soll... einen Coladeckel mit einem kleinem
Schnapsglas drauf. Nun saßen wir so da (ich und mein
Kumpel mit jeweils einem Finger auf dem Glas) und fragten
"jemand hier?". Uns war erstmal klar, das nix passierte,
wieso weiß ich nicht, aber keiner glaubte eben an "Spuk".

Jedenfalls haben wir uns nicht mehr drum gekümmert und
haben fern geschaut und dabei gequatscht. Bis auf einmal
das Schnapsglas ruckelte, es stand in der Mitte des
Raumes auf der Pappe. Ich erschrak erstmal extrem und
setzte dann meinen Finger drauf, fragte "jemand hier?"
und es rückte auf JA. Mein Herz schlug bis zum Hals. Mir
fiel erstmal nix ein, was ich hätte fragen können, bis mein
Kumpel (der auf der Couch saß) fragte "wie heißt du denn?",
der "Geist" antwortete "Keine Namen". Ich hatte so Angst
weil nur mein Finger drauf war und das Glas sich sehr
langsam bewegte. Dann fragte ich zögerlich "wo bist du?".
Die Antwort hat ohne Mist sicherlich 5 Minuten gedauert
weil das Glas sich wie gesagt sehr langsam bewegte. Er
antwortete "sitze auf dem Fensterbrett und schau euch
zu". Der Bruder von meinem Kumpel fand das sehr witzig
und hat aus scherz gefragt wie alt er denn sei, er
antwortete mit "23", und dann fragte ich wie er denn

gestorben sei und wo er jetzt "wohnt", als Antwort kam "im Januar bei einem Autounfall gestorben... (30 sekunden vergingen)... Dachboden". Nun ja an alles erinnere ich mich nicht, aber ich fragte ob er sich denn irgendwie mal "zeigen" könne... Auf einmal wurde es so dermaßen kalt (es war Hochsommer), waren vielleicht 2-3 Sekunden, aber ich hab extrem gefroren und hab auch ne Weile gebraucht bis ich wieder "warm" wurde^^. Das hat mich so geflasht dass ich ihn gefragt habe ob er es noch mal machen könne, das Glas schoss von alleine auf "nein" und kippte um. Genau in dem Moment sprang aus der Schrankwand in der Küche (es war keiner drin, die Küche war gegenüber vom Kinderzimmer und die Tür war zu) ein Wasserglas raus (offenes Regal) und zerschepperte auf dem Boden. Ich hatte so panische Angst gehabt auf einmal... Nun ja auch wenn keiner dran glaubte, wir haben den Coladeckel+ Pappe verbrannt und das Glas weggeschmissen. Ich hatte keine Lust mehr und bin nach Hause gegangen. Mir ging es gut, bei mir war absolut nichts. Aber der Bruder von meinem Kumpel rief mich nachts an und sprach fast flüsternd dass irgendwas bei ihm nicht stimmt. Er fühle sich beobachtet und es ist ziemlich kalt in seinem Zimmer (so passierte es dass ein 16 Jähriger der vorher nie dran geglaubt hat ausser an den Fußballgott^^ bei seinen Eltern im Zimmer schlief). Er meinte nach ein paar Tagen zu mir das seine Schwester mal in sein Zimmer gegangen ist und gebrüllt hätte "verpiss dich sonst jag ich dich" (sie war seeehr impulsant^^). Und dann wäre es auch irgendwie weg gewesen...
Ich schreibe die Geschichte deswegen weil ich sie gestern nach Jahren wieder gesehen habe und wir uns bei einem Käffchen drüber unterhalten haben.

Meine Erlebnisse

Zu meinen verschiedenen Erlebnissen.

1. Alles fing bei einer guten Freundin im Haus an, sie erzählte mir, irgendwas stimmte in dem Haus nicht, ich sie natürlich nur ausgelacht und als lächerlich empfunden und auch gar nicht weiter drüber nachgedacht.
Ein paar Wochen später hatte ich bei ihr geschlafen und auch wirklich überhaupt nicht mehr an diese Geschichte gedacht was sie mir Wochen vorher erzählte und auch den Abend, oder Tage zuvor gar nicht drüber geredet.
Nun gut, ich und sie waren am Schlafen...
plötzlich wurde ich mitten in der Nacht wach, einfach so, starrte sofort in ''diese gewisse'' Ecke... Dort zu sehen war eine männliche Gestalt mit Hut.
Augen zu gemacht, kurze Zeit später war diese weg...
Ok nicht weiter drüber nachgedacht, weil es gab zu diesem Zeitpunkt ''noch'' keine Geister für mich!!!

Die nächste Nacht:
Der Hund war diesmal mit im Zimmer, beide wieder geschlafen.
Ich wieder mitten in der Nacht wach geworden und wieder diese Gestalt...
der Hund stand vor dieser Ecke und war am Knurren!!! Ich wieder Augen zu und kurze Zeit wieder: Die Gestalt war weg, der Hund legte sich wieder in sein Körbchen.
Die Dritte Nacht genau das Gleiche, doch diesmal etwas Schlimmer:
Die Bettdecke bewegte sich als wenn von den Beinen wer hochkommt zu mir machte allerdings an meinen

Oberschenkel einen halt .Der Hund wieder am Knurren...
Am nächsten tag und nu haltet euch Fest:
Ich hatte an beiden Oberschenkel blaue Flecken in form
von Handabdrücken!!!
Es war schrecklich!!!!!!!
Meine Freundin hatte von all diesen Vorfällen nichts
mitbekommen, da sie wie ein Stein schläft -.- ^^.
Kann ein Geist wirklich solch Kräfte entwickeln ????

2.Andere Freundin anderes Haus.
Bei ihr gab es folgendes:
Ich schlief ein paar Mal bei Ihr, was ich nu nicht mehr
mache, da ich davor einfach nur noch angst habe
Ich konnte nicht Schlafen, hatte also noch fern geschaut
sie schlief tief und fest... Auf einmal beide Dachfenster
waren offen, wehte ein unnatürlich heftiger Wind durch
das Zimmer und vom rechten Fenster aus kam eine
schwarze fliegende Gestalt herein... sie hatte weiße Augen,
starrte mich an und flog langsam weiter zum linken Fenster
und war wieder weg.... ich sage euch es war schrecklich ich
will so etwas einfach nicht mehr erleben... während diese
Gestalt mich anschaute blieb mir die Luft weg, ich konnte
nicht mehr atmen!!! Bewegen konnte ich mich auch nicht
mehr, es ging einfach nichts mehr, mein Körper war
komplett mit Schmerz gefüllt.
Das geschah mir zwei Nächte bei ihr... jedes mal hatte ich
unerklärlich dicke und richtig dunkle blaue flecken...
warum????
Seitdem hasse ich Geister einfach nur noch... sie sollen
mich in Ruhe lassen ich will so was nicht mehr durchmachen.
Es hat mich geprägt...
Sobald ich ein Haus betrete und merke, ich empfinde

Unwohlsein gehe ich sofort wieder raus, was mich echt beeinträchtigt -.- und meine Freundinnen das nicht verstehen können, da ich bei bestimmten Mädels immer absagen muss, da ich das Haus nicht betreten möchte .

Das blaue Licht

Eine kurze Geschichte vorab:

Ich habe mit meiner Oma zusammen in einem
Mehrfamilienhaus gelebt. (Wohnungen übereinander).
Ich habe ein sehr enges Verhältnis zu ihr gehabt, sie war
für mich wie eine zweite Mama.
Bin bei meiner Großmutter quasi aufgewachsen, da meine
Mutter viel gearbeitet hat und in dieser Zeit hat Oma sich
immer um mich gekümmert und mit allem versorgt, bis
meine Mutter abends von der Arbeit kam.

Ich habe mich von 2010 - 2012 intensiv um meine
Großmutter gekümmert, da sie Hilfe brauchte (habe sogar
meinen Job ruhen lassen, da Oma wirklich Pflege brauchte).
Mein Vater ist 1996 verstorben, er war der Sohn meiner
Oma und meine Eltern haben sich früh scheiden lassen.
Somit war ich die Einzige, die Oma noch hatte.

Sie ist dann im März 2012 verstorben und an diesem Tag
ist ein Teil von mir mit ihr gegangen.
Denke sehr oft an Sie.

Die ersten Tage nach Ihrem Tod nahm ich sehr oft einen
intensiven Geruch in Ihrer Wohnung wahr...so als säße Oma
gerade neben mir. So schnell wie dieser Geruch da war,
genau so schnell war er wieder weg. Auch nur ich habe
diesen Geruch wahrgenommen.

Heute, zwei Jahre später ist der Geruch komplett

verschwunden.
Allerdings kam es in letzter Zeit bzw. In den letzen vier
Monaten öfter vor, dass ich das Gefühl habe, es steht
jemand vor meiner Wohnungstür. Dachte erst mein Freund
steht draußen und kommt gleich rein.
Ich öffnete die Tür, aber niemand war da. Das war und ist
sehr unheimlich!!

Vor drei Tagen stand ich im Bad und habe mir die Zähne
geputzt, als ich plötzlich merkte dass jemand in die
Wohnung gekommen ist,.....dachte ich.

Ich öffnete die Badezimmertür und rief den Namen von
meinem Freund, er antwortet nicht. Ich kam raus und ging
durch die Wohnung, rief erneut, es antwortete niemand.
Mir lief ein Schauer über den Rücken, denn ich war der
festen Annahme, es sei jemand reingekommen. Ich rief
meinen Freund an und er sagte, dass er in 15.min zuhause
ist. Ich erzählte ihm erst einmal nichts davon.

Gestern Nacht war es dann soweit, ich war alleine zuhause
und lag im Bett.
Ich bin um zwanzig nach vier noch einmal aufgestanden um
ein Glas Wasser zu trinken und legte mich wieder hin. Aus
irgendeinem Grund öffnete ich noch einmal meine Augen
und was ich dann sah, lies mir das Blut in den Adern
gefrieren. Ich bekam eine solche Angst, dass man meinem
Herzschlag hätte hören müssen.

Ich blickte zur geöffneten Zimmertür, auf etwa halber
Höhe sah ich ein kleines hellblaues licht (keine Geräte im
Zimmer die nachts leuchten, es war dunkel) ich drückte
noch einmal meine Augen zusammen und dachte, etwas

stimmt vielleicht mit meinen Augen nicht, da ich vorher licht in der Küche angemacht hatte und es jetzt wieder dunkel ist.

Ich öffnete sie wieder...das Licht schwebte in der Luft, es war ein zartes Hellblau.
Mein Herz klopfte wie verrückt, ich dachte ich bin jetzt bekloppt geworden oder so
etwas. Das Licht hatte in der Mitte ein Loch und drumherum leuchtete es hellblau,....plötzlich fing es an sich zu bewegen, mein Herz klopfte noch schneller und ich wollte nicht mal mehr atmen weil ich solch eine Angst hatte.

Es geleitete durch Zimmer und veränderte dabei seine Form, wie ein kleines Seidentuch im Wind (kann es nicht anders erklären). Es war kein starkes Hellblau, mehr wie bei Nebel (es ist wirklich schwer zu erklären). Es bewegte sich Richtung Balkontür und verschwand.

Ich fühlte mich während dieses Moments nicht wohl, ich habe mich seltsam gefühlt vom ersten Moment an, als ich das Licht sah. Der ganze Vorgang dauerte ca. 1 Minute.

Danach habe ich das Licht angemacht und bin nicht mehr eingeschlafen!!

Augenblicke

Das erste mal sah ich mit 10 Jahren einen Geist, dieses
Phänomen sass auf dem Stuhl gegenüber des Bettes, ich
konnte durch Ihn durchsehen, ich wollte mit Ihm sprechen
leider kam keine Antwort zurück. Er sass einfach da und
starrte mich an.
Drei Tage später berichtete ich meiner Mutter darüber,
Sie glaubte mir weil sie auch schon Erfahrungen gesammelt
hat mit Paranormalen erscheinungen.
Von da an fing es an, immer wieder sah ich Geister, und es
wird immer schlimmer.

Ein halbes Jahr oder länger war ruhe. Eines Nachts wurde
ich Wach, wenn ich im Bett liege
sehe ich genau auf den Flur, dort näherte sich ein kleiner
dicker Mann, ein Holzhacker mit kurzen Hosen und Bart mit
einer Axt auf dem Buckel. Er kam also auf mich zu und
schlug die Axt mit voller kraft auf mich zu und ging wieder
richtung Flur, ich schnaufte auf weil ich dachte er sei
verschwunden, ich schloss meine Augen, als ich sie öffnete
schlug er wieder auf mich ein mit seiner Axt. Dann sah ich
wie er wieder den Flur entlang ging und nicht mehr zurück
kam.
Dass war ein Erlebnis das ich nicht noch einmal erleben will.

Ein paar Jahre später wurde ich wach, und sah in der Luft
ein Ballon mit einem Gesicht drin. Ich beachtete es nicht
und schlief weiter.
Auf einmal kratzte es mich am Hals, das es wirklich
schmerzte. Ich wollte im Spiegel sehen ob ich einen

Kratzer habe, aber nichts war zu sehen.

Eines Nachts wurde ich wach, und sah an der Wand ein riesiger Schatten, es sah aus als ob ein grosser Mann mit Zylinder vor mir stand. Ich ruf meine Mutter
und sie erzählte mir, dass ein Mann diese gestalt auch gesehen hat wie es unser Haus verlassen hat, schwebend.

Monate später, ich wollte endlich einschlafen konnte aber nicht weil mich etwas beunruhigte. Der Schweis lief mir übers Gesicht so Panik hatte ich.
Dann fasste ich al meinen Mut zusammen und schaute in eine Ecke meines Zimmers, da sah ich ein kleines Mädchen stehen, es war schwarz - durchsichtig.
Tage später kam meine Mutter zu mir und erzählte dass sie ein Mädchen an ihrem Bett sah, dass aussah wie ich, und schwarz-durchsichtig war.
Was will es von uns?

Mit 13 Jahren fuhren meine Freundin und ich mit einem Mann im Auto mit, weil wir den Bus verpasst hatten. Als wir ankamen sah ich ein alter Mann an der Fensterscheibe des Autos, er hatte blutunterlaufene Augen und ein weit aufgerissener Mund, es sah so aus als würde er vor schmerzen schreien weil der Fahrer Ihm über die Füsse fuhr.
Ich bin sicher, wenn der Fahrer dieser "Mann" gesehen hätte, wäre er ihm nie über die Füsse gefahren! Wir stiegen aus, der alte Mann war vom Erdboden verschwunden.
Meine Freundin hatte ihn auch gesehen, sie hat auch schon erfahrungen gesammelt.

Ich spürte immer diesen kalten hauch an meiner rechten
Hand und an den Beinen, meistens wenn ich am PC oder im
Bett war. Auch der Drachen fing
immer wieder an sich komisch zu drehen.

Immer wenn ich an meinem PC spielte, wusste ich dass mich
jemand beobachtete, zuerst dachte ich dass mein Bruder
mich wieder ärgern will, bis mir klar wurde
dass er gar nicht zuhause war. Es beobachtete mich jeden
Tag, immer an der gleichen stelle, Vom Flur aus schaute es
in mein Zimmer aber wenn ich zu ihm rüber schaute
sah ich nur etwas schwarzes verschwinden. Es wurde immer
schlimmer, immer wen ich allein daheim war kam es am
meisten. Eines Abends war ich allein zuhause,
so um 20 Uhr fing mein Hund an zu bellen und wollte nicht
aufhören, ich ging in mein Zimmer, dort bekam ich Panik.
Ich sah es immer wieder verschwinden.
Ich schaffte es ein Foto zu machen, wie es gerade
wegfliegt. Als ich meinem Bruder es erzählte sagte er, sein
Freund der auch Geister sehen kann, hat eine weisse
Gestalt gesehen vor unserem Haus um 20 Uhr, mein Hund
wollte ihn vertreiben mit dem bellen, wie er schon oft
getan hat.
Tage nach diesem Abend schlief ich bei meiner Freundin,
wir machten Bilder. Auf jedem Bild war diese
Lichterscheinung die ich in meinem Zimmer fotografiert
hatte.
verfolgt es mich?

Nun einer Begegnug von meinem Bruder. Als er in der
Stube einschlief erwachte er vom Bellen des Hundes, vor
Ihm der Geist mit erkennbarem Gesicht und
langer Lichtlinie. Er versuchte In zu vertreiben. Der Geist

führte Ihn in den Keller hinunter an genau der Stelle von der ich meiner Mutter immer erzählte, dass dort etwas nicht stimmte. Dort erschrecke ich mich jeden Tag wenn ich in den Keller gehe, sehe ich es. Langsam versuche ich es zu akzeptieren.

Ihr müsst wissen, schon ein paar Mal kam ein Mann der die Geister vertrieben hat, ich eis nicht wieso sie immer wieder zurückkehren. Vielleicht könnt Ihr mir helfen.

Eines Abends ging ich mit meinem Hund spazieren, doch auf einmal stand er still und wollte nicht mehr weiter. Ich schaute nach vorn und sah wie sich eine gestalt sich näherte aber dann wieder im nichts verschwand. Ich wusste schon immer dass dort etwas nicht stimmte, darum mied ich diesen weg nachts immer. Ich erzählte es meiner Mutter. Ein Tag verging und meine Mutter erzählte mir das ein Mann sie angesprochen hat und Ihr erzählte, dass sein Sohn unter den Zug gekommen seihe, er konnte ihn wegen einer Sekunde nicht mehr retten. Es geschah genau an der stelle an dem ich den Geist sah.

Die Vision

Es geht um eine Vision meiner Frau, die uns unerklärlich ist.
Hier eine Kurze Geschichte dazu, damit man auch die
Hintergründe weiß.
Seit dem ich mit meiner Frau verheiratet bin, versucht
meine Mutter, uns wieder auseinander zutreiben. Sie hat
uns finanziell sehr geschadet und wollte uns zuletzt auch
noch unsere Kinder wegnehmen, hat aber vor Gericht
verloren. Mein Vater hat sich zwar mehr raus gehalten, war
aber auf ihrer Seite, weil sie sehr dominant war und ihn nur
anlog. Mein Verhältnis zu meinem Stiefvater war eigentlich
gut, in der Beziehung habe ich richtig Glück gehabt.
Nun ja, aufgrund der privaten Missstände hatten wir schon
lange keinen Kontakt mehr zu meiner Familie, durch einen
Zufall erfuhren wir, dass sie im letzten Jahr
Oktober/November nach Ostfriesland gezogen sind.
Am Montag nach Heilig Abend rief meine Mutter bei
meinem Schwiegervater an, ich sollte sie anrufen es wäre
wichtig. Gesagt, getan, bei diesem Telefonat erfuhr ich,
dass mein Vater einen Tag vor Heilig Abend ins
Krankenhaus, kam wo bei ihm eine schwere
Krebserkrankung der Lunge diagnostiziert wurde und er
nur noch ein paar Wochen zu leben hätte.
Die Nachricht war sehr schlimm für mich, da er wie gesagt
ein sehr guter Stiefvater war. Ich versuchte alles, um nach
Ostfriesland zu fahren, um mich von ihm zu verabschieden.
Leider ging mein Auto kaputt. Ich konnte nicht fahren und
wollte dies im Februar nachholen. Eigentlich wollte er nicht,
dass ich das weiß, trotzdem telefonierten wir ein paar Tage
später miteinander.

Es war das letzte Mal, dass ich seine Stimme hörte. Am 16.01.2011 rief mich meine Mutter morgens um 09.00 Uhr an, um mir mitzuteilen, dass er in der Nacht um 03.15 Uhr unter starken Schmerzen verstorben sei.

Aber das Merkwürdige kommt noch, wir haben Zwillinge, 2 Mädchen und in dieser Nacht war ausgerechnet die, die immer gut geschlafen hat, total unruhig und fand nicht in den Schlaf sodass meine Frau so gegen 03.15 Uhr unserer kleinen Maus noch eine Flasche gemacht hat. Gegen 03.30 Uhr legte sie sich wieder ins Bett und versuchte, einzuschlafen, aber als sie die Augen zumachte war es total hell und mein Vater sprach zu ihr, sie solle mir ausrichten das er mich lieb hat, danach schlief sie sofort ein.

Als morgens das Telefon klingelte und meine Frau dran ging, wollte meine Mutter nur mich sprechen, ich bekam also die Nachricht zuerst. Als ich meiner Frau die Nachricht vom Tod meines Vaters berichtete, meinte sie, sie müsse mir was erzählen und berichtete mir die Geschehnisse der Nacht.

Zu meiner Frau muss ich sagen sie ist absolut nicht gläubig, sie lässt die Kinder nicht taufen, Gott und Engel gibt es nicht, und wenn man stirbt dann ist Ende und es kommt nix mehr.

Trotzdem war sie über das Geschehene total erschüttert und verwirrt, denn es kam ihr so real vor, als wenn sie mit mir oder unseren Kindern reden würde. und sie sagt auch dass sie in dem Moment nicht geschlafen hat und das sie schon öfters dieses Licht gesehen hat aber sie erinnere sich nicht daran ob jemand zu ihr gesprochen hat.

Wenn das wirklich passiert ist, was war das? Und warum passiert es ihr obwohl sie nicht an das Paranormale glaubt?

Die schwarze Gestalt

Bevor ich zum eigentlichen Thema komme, erst mal etwas über mich. Bin 27 Jahre alt, verheiratet und habe 3 Kinder. Seit ca. 3 Tagen fühle ich mich in meinem Zuhause extrem beobachtet, und vor noch nicht mal 30 min war ich kurz vor einem Herzinfarkt... Meine jüngste Tochter ist jetzt knapp 4 Monate alt, sie ist ein echt aufgewecktes Baby, aber was ich eben gesehen hab, treibt mir die Tränen in die Augen.

Ich habe meiner Tochter die Flasche fertig gemach zum Füttern, hab sie erstmal versucht 10 min so zu platzieren das es für uns beide angenehm ist, sie knatschte und schüttelte ihren Kopf wie wild hin und her. Als sie dann endlich mal zur Ruhe kam, fing ich an sie zu füttern, sie sah irgendwie merkwürdig aus... ihre Augen waren weit aufgerissen und sie schaute genau an mir vorbei.

Als ich ihr tiefer in die Augen gesehen habe, sah ich mich und irgendjemand der hinter mir steht. Bin sofort erschrocken und drehte mich um, aber da war niemand... ich drehte mich wieder zu meiner Tochter und schaute sie noch mal an... irgendetwas stand definitiv hinter mir!!! Erst rechts; dann links hinter mir. Ich konnte nicht sehr viel erkennen, es hatte eine menschliche Gestalt, komplett schwarz und sah sehr "schlaksig" aus, von der Statur her. Ich hatte sofort Gänsehaut und mir war Eiskalt! Ich habe sie danach hoch in ihr Zimmer gebracht und ins Bett gelegt, dann bin ich wieder runter um meiner anderen Tochter das Frühstück zu machen. Wenn meine Kleine oben ist, hab ich immer ein Baby-Phone an. Nach ungefähr 10 min ging das Phone an und es hörte sich an als wäre irgendwas oben im

Zimmer, 1 Sekunde später fing meine Kleine voller Panik an zu Schreien...Leute so was hab ich in meinem ganzen Leben noch nicht gesehen, was ich dort zu sehen bekam!!! Hinter dem Bett meiner Tochter stand ein schwarzes "Wesen" (ich muss dazu sagen, dass meine Tochter ein Himmel am Bett hat, also so ein Stück Stoff, das aussieht wie ein Moskitonetz) ich hab nur schwarz gesehen, keine Augen, Nase Mund oder sowas, aber extrem lange spitze Finger. In dem Moment, wo ich meine Tochter aus dem Bett genommen habe, war es dann auch schon weg. Ich habe echt Panik, ich kann keinen Meter in meinem haus laufen ohne Gänsehaut zu bekommen oder mich beobachtet zu fühlen...

Das Mädchen

Ich fang dann jetzt einfach mal an.
Das erste Mal sah ich einen Geist, wo ich noch sehr jung
gewesen war.
Trotz der 3 oder 4 Jahre die ich da alt war kann ich mich
noch an jedes kleine Detail erinnern. Ich bin nachts davon
wach geworden, das mir jemand über die Wange streichelte.
Als ich meine Augen öffnete, stand dort eine Frau vor
meinem Bett. Sie lächelte mich nicht an, normalerweise
wäre ich vor Angst gestorben, doch es war ein schönes
Gefühl, dieses Etwas bei mir gespürt zu haben. An dem
morgen danach, habe ich meiner Mutter davon erzählt.
Bevor ich das Erlebte, ausgesprochen habe, fing sie an zu
Weinen. Sie zeigt mir ein Bild von ihrer verstorbenen
Mutter, die ich nie kennen lernte, dann überkam mich eine
richtige Gänsehaut....
Die Person die letzte Nacht vor meinem Bett stand, war
meine Oma-

Lange danach, ist mir nun Dieses in der vorletzten Nacht
passiert...
Ich wachte von einer Mädchenstimme auf, die immer
wieder sagte, „Du schaffst das nicht!" dann sah das
Mädchen. In diesem Moment ging es aus meinem Zimmer
raus und ich hinter her. Aber richtig hellwach wurde ich
dann aber erst von dem Geräusch, als ich die Türklinge
runter drückte.

Letzte Nacht kam es dann noch krasser.
Wieder dieses Mädchen, doch dieses Mal lief es nicht weg.

Sie nahm mich mit zu ihrem Friedhof, als ich da war, kam
mir alles so bekannt vor, aber alles sah so anders aus. Ich
war am Grab meiner kleinen Schwester, die mit 8 Jahren
verstarb. Ich hatte sie nie kennengelernt. Sie verstarb
nämlich vor meiner Geburt. Wir gingen zu dem Grab und es
sah so anders aus. Ich war schon seit 3 Jahren nicht mehr
da gewesen. Wir blieben stumm vor ihrem Grab stehen.
Dann sah sie mich an und ging mir mit ihrer Hand durch
mein Gesicht....
Der nächste Morgen, war schlimm.
Als ich mich rasieren wollte, guckte ich vorher in den
Spiegel.
In diesem Moment stach mir eine art blauer Fleck ins Auge,
genau da wo sie mir mit Ihrer Hand durchs Gesicht
gegangen ist.
Aber Knüller kam erst folgende Nacht. Wieder ging ich zu
meiner Mutter und erzählte ihr den Traum. Daraufhin
fragte ich sie ob der Friedhof umgebaut wird oder wurde.
Und das wurde er, wir sind am gleichen Tag noch dahin
gefahren.
Und es sah genauso aus wie letzte Nacht. Jeder noch nicht
verlegte Pflasterstein lag genau da, wo er auch im Traum
gelegen hat. Vor dem Traum wusste ich wirklich nicht, dass
der Friedhof umgebaut wurde.

Die Gestalt in der Ecke

In meiner Familie sind alle davon überzeugt, dass mein Bruder eindeutig irgendwas an sich oder in sich hat, was nicht wirklich normal ist, da jedes Mal, wenn er dabei ist, irgendwas schief geht oder etwas komisches passiert. Allgemein stehe ich zu diesen paranormalen Dingen eher locker.

Was so viel bedeutet, dass ich jetzt nicht großartig etwas überbewerte oder gleich in Panik verfalle, wenn etwas passiert, doch dieser eine Vorfall, vor ca. 10 Jahre war schon sehr heftig (für mich) und hat übrigens nichts mit meinem Bruder zu tun, so wie es in der Einleitung stand.

Ich hatte in dieser Nacht bei meinem damaligen Freund übernachtet. Ich bin schon lange nicht mehr mit ihm zusammen. Mein damaliger Freund war in dieser Nacht mit seinen Kumpels unterwegs.

Mädels durften nicht mit. Ich schaute vom Bett aus noch fern und schlief dann irgendwann ein.

Ich muss noch erwähnen, dass in der kompletten Wohnung Holzfußboden verlegt war. In dem Zimmer links unten schlief ich also. Irgendwann, ich kann euch nicht sagen um welche Uhrzeit das war, hörte ich so im Halbschlaf, dass die Wohnungstüre auf- und wieder zuging, dann kurzes knarren des Holzfußbodens, als ob jemand von Haustüre zu der Tür des Zimmers laufen würde, wo ich war. Danach vernahm ich das Öffnen der Zimmertür, wieder Schritte auf dem Holzfußboden, danach war es still (Tür war wieder zu). Ich hatte bis zu diesem Zeitpunkt die Augen geschlossen, weil ich fest davon überzeugt war, dass es mein Ex war, der da rumläuft. Da es dann eine Zeit lang still war und sich niemand mehr bewegte, fragte ich (immer noch Augen zu) warum er denn kein Licht anmacht. Als daraufhin keine Antwort kam, öffnete ich die Augen. Ich lag so, dass mein Blick dann genau in die schräg gegenüberliegende Ecke neben der Tür fiel. Der Fernseher war mittlerweile aus, da ich den Timer gestellt hatte und das Zimmer war nur von dem Licht der Straßenlaternen beleuchte, also sehr spärlich.

Jedenfalls sah ich in der Ecke jemanden stehen. Ich kann euch nicht sagen, wie sein Gesicht aussah oder ob er überhaupt ein Gesicht hatte, da mein Blick total auf das Shirt der Gestalt fixiert war. Die Gestalt war aber auf jeden Fall menschlich. Es war ein langes weißes Shirt, welches bestimmt bis über die Knie ging und auf dem Shirt/Hemd war ein schwarzer Ring. Natürlich riss ich daraufhin die Augen auf, ich erschrak total und saß plötzlich aufrecht im Bett, drückte mich rückwärts gegen die Wand und presste mich gegen diese. Ich wollte schreien, aber es ging nicht, ich japste regelrecht ein „Oh Gott, oh Gott, bitte nicht..." Es war aber so, als wäre die Kehle zu geschnürt.
Während meines Versuches zu schreien, fuchtelte dieses Etwas mit den Armen, so als würde es energisch etwas Verneinen wollen. Andeutungsweise konnte ich ein Kopfschütteln erkennen, aber wie gesagt, mein Blick war fixiert auf den schwarzen Ring und vor diesem fuchtelte es mit den Armen rum. Das Ganze ging nur so etwas 10 Sekunden, danach war es einfach weg.

Ich schaltete schnell die Nachttischlampe an und den

Fernseher. Es war definitiv weg.

Hier ein paar rationale Erklärungen, die ich natürlich auch schon alle durchgedacht habe:

Es könnte die Schlafparalyse gewesen sein, aber warum konnte ich mich dann doch bewegen, mich aufsetzen und an die Wand drücken? Das Wesen war ja währenddessen immer noch da.

Ein Einbrecher wäre natürlich auch in Frage gekommen, aber der verschwindet ja dann wieder durch die Tür und löst sich nicht in Luft auf.

Die Gewöhnung der Pupillen an das komische reinscheinende Licht der Straßenlaternen hätte es auch gewesen sein können.
Das Licht war allerdings nicht so hell, dass sich die Pupillen dran gewöhnen mussten, es fiel nicht viel Licht ins Auge. Aber klar, das könnte es auch gewesen sein, sodass in der Ecke dann irgendwie ne optische Täuschung entstand. Das Wesen und vor allem der schwarze Ring auf dem weißen Shirt waren doch ziemlich deutlich zu sehen, aber dem Gesicht schenke ich keinerlei Aufmerksamkeit.

Unheimliche Ereignisse

Ich habe zwei Erlebnisse, von denen ich euch berichten möchte...

Die Mutter meines Ex-Freundes hat damals ihre Mutter zu sich genommen und bis zum Tod gepflegt. (Sie hatte Lungenkrebs).
Nachdem sie gestorben war, wurde ihre Leiche abgeholt und die Mutter meines Ex hat dann erstmal das Pflegezimmer nicht betreten und ging an dem Abend auch ganz normal ins Bett. Ihre Mutter hatte, als sie noch lebte, im Pflegezimmer ein Gerät mit einem Knöpfchen. Wenn sie das drückte, klingelte es in dem Schlafzimmer der Mutter meines Ex, damit sie Bescheid wusste, wenn es ihrer Mutter in der Nacht schlecht ging und Hilfe benötigte. Dann wurde sie von genau diesem Klingeln geweckt. Sie wollte aufstehen und nach ihrer Mutter sehen, doch dann fiel ihr ein, dass es ja gar nicht geklingelt haben kann. Sie dachte sich, dass sie das natürlich nur geträumt haben kann. Als sie sich wieder hinlegte und wieder einschlafen wollte, hörte sie das Klingeln schon wieder und war sich diesmal ja sicher, das nicht geträumt zu haben. Sie stand auf, ging nach unten und betrat das Pflegezimmer. Das Gerät mit dem Knöpfchen lag noch in dem Zimmer auf einem Tisch.
Daraufhin ist sie zum Fenster gegangen, hat es aufgerissen und gesagt: "Mama, du kannst gehen!"

Daraufhin hat sie nichts mehr erlebt. (Man beachte: seit dem die Leiche aus dem Zimmer geholt wurde, ist das Fenster nicht aufgemacht worden).

Als meine Oma damals starb, war es ähnlich.

Meine Oma ist bei meinem Onkel gestorben, weil er sie nicht in ein Heim geben wollte, an sich war sie nämlich noch relativ fit, aber vergaß viel. (Unter anderem Töpfe auf der Herdplatte usw. weshalb mein Onkel sie dann zu sich nahm). Nachdem sie tot war, hörte meine Tante jeden Morgen, wie meine Oma immer noch durch das Haus ging. (Meine Oma war immer früher wach, als mein Onkel und meine Tante, daher ging sie, als sie noch lebte, immer schon in die Küche oder ins Wohnzimmer). Sie hatte spezielle Schuhe, die ein ganz bestimmtes Geräusch machten und das hörte meine Tante Tag für Tag.

Als sie mir davon erzählte, war sie schon kurz am Rande der Verzweiflung.

Ich fragte sie, ob sie schon mal das Fenster in dem Zimmer aufgemacht hätte. Sie sagte, dass sie eigentlich im Moment noch ungern das Zimmer betreten würde und mein Onkel auch nicht und daher noch niemand das Fenster aufgemacht hätte. Als sie fragte, wieso, erzählte ich ihr von der Geschichte von der Mutter meines Ex.

Sie hat dann im Zimmer das Fenster aufgemacht und hat meine Oma gebeten, zu gehen.

Danach war der "Spuk" auch hier vorbei.

Der Mann mit den roten Augen

Ich bin jetzt 19 Jahre alt, doch das was ich mit 10 Jahren erlebt habe, geht mir nicht aus dem Kopf.

Es war an einem November, an dem Tag war ich zum Geburtstag eines guten Freundes eingeladen.

Als ich nachts, ca. um 22 Uhr, nach Hause lief, ging ich auf der Straße entlang, links und rechts standen Bäume und die Straße war nicht beleuchtet und ist es auch heute noch nicht.

Es klingt so merkwürdig, dass ich es selbst kaum glauben würde, wenn ich es nicht selbst erlebt hätte.

Also, ich lief die Straße entlang und hörte plötzlich ein seltsames Geräusch hinter mir, es hörte sich an wie kleine Glöckchen.
Ich drehte mich um, weil es mich neugierig machte.
Da sah ich, ca.3-4 Meter entfernt, einen Mann auf einem Fahrrad.
Er hatte schwarze Sachen an und könnte ca. 50 Jahre alt gewesen sein.
Genau weiss ich es nicht, ich sah sein Gesicht nicht richtig, da es Dunkel war.

Ich konnte aber durch den leichten Mondschein erkennen, dass seine Hände, die eines alten Mannes waren.

Ich dachte mir nicht viel dabei, mich machte es nur etwas

stutzig, dass er einige kleine Glöckchen an den Rädern seines Fahrrads hatte.

Ich drehte mich wieder um und lief ganz normal weiter.

Doch so langsam fühlte ich mich etwas unwohl und verfolgt.

Ich blickte erneut hinter mir und dass was ich sah brachte mir Gänsehaut.

Der Mann blieb mit Fahrrad stehen und blickte mich an.
Er hatte Rotleuchtende Augen.
Ich dachte ich sah nicht recht.
Ich schaute kurz weg und sah dann wieder zu ihn, doch er hatte wirklich Rotleuchtende Augen.

Ich drehte mich ruckartig wieder um und fing an, etwas schneller zu laufen.

Dann hörte ich lautstark die Glöckchen.
Ich drehte mich sofort um, dann sah ich, dass das Fahrrad auf dem Boden lag.
Aber wo war der Mann?
Er war wie vom Erdboden verschwunden.

Mir kam das Ganze nicht geheuer vor.
Ich ging vorsichtig zum Fahrrad hin.
Um zu sehn ob der Mann sich in der nähe aufhält.
Doch da war niemand.
Bei allen Häusern, die dort waren, brannte kein einziges Licht.
Ich blickte zum Fahrrad, es war schon sehr alt und etwas rostig.

Die Farbe war etwas Gräulich und Schwarz.

Ich drehte mich um und ging einfach weiter.
Ca. 4 Meter weiter.
Als ich aus Neugier und etwas Angst, mich wieder
umdrehte, bekam ich noch mehr Angst.

Das Fahrrad war weg.
Ich fragte mich aber, warum ich nicht die Glöckchen hörte.
Bei jeder kleinsten Bewegung hörte man sie.
Es war totenstill, kein Wind oder andere Geräusche, die
dieses Geräusch übertönen hätten können.

Danach war nichts mehr, ich war Zuhause angekommen und
zerbrach mir fast die ganze Nacht über den Kopf.

In der Nacht

Ich muss sagen, an Geister habe ich schon immer geglaubt.
Aber so richtig erst, als ich 13 war, als meine Oma
gestorben ist.
Ich erzähle jetzt einfach mal alles was ich so alles erlebt
habe.

Ich habe das erste Mal im Alter von ca. 10 Jahren
komische Dinge erlebt. Ich hatte damals ein gemeinsames
Zimmer mit meiner 2 Jahren älteren Schwester. Ich hatte
schon immer so komische Träume das ich mich mit
irgendwelchen Leute "hauen" musste, fragt mich jetzt
nicht warum, zumindest bin ich in der einen Nacht bei so
einem Traum aufgewacht, keine Ahnung warum, eben
einfach wach geworden. Das komische kam erst danach. Ich
habe mich mit dem Gesicht zur Wand gedreht um ganz
einfach weiter zu schlafen. Ich schloss also die Augen und
der Traum ging auch sofort weiter mit einem Antippen auf
die Schulter von hinten. Das schlimme war nur, das ich
dieses "stupsen" tatsächlich auf meiner Schulter gespürt
habe. Ich dachte zuerst das es meine Schwester war die
mir Angst machen wollte, aber sie schlief tief und fest. Im
Nachhinein ist mir dann auch aufgefallen das es sich nicht
wie ein normaler Finger, sondern eher wie ein Spitzer
Finger bzw. Fingernagel angefühlt hatte, von daher konnte
es meine Schwester auch nicht gewesen sein. Abgesehen
davon, hatte ich Jahrelang immer denselben Traum dass
mich irgendwelche Gestalten, die nachts durch das Fenster
kamen, umgebracht hatten.

Hat das irgendeine bestimmte Bedeutung? Ich bin dann auch immer regelmäßig schreiend, mit dem Satz "Ich will nicht sterben", aufgewacht. Wie gesagt ich hatte den Traum wirklich jede Nacht und das bestimmt über 2 Jahre lang.

Danach war wieder alles ruhig, bis ich 13 war. In dem Alter starb meine Oma.... Ich hatte ein sehr inniges Verhältnis zu Ihr. Von da an habe ich mich nie mehr wirklich allein gefühlt. Mir war kurze Zeit nach Ihrem tot aufgefallen, das sich eine "Stimmungskette" die ich besitze auf einmal ohne Grund verfärbt hat und zwar auch immer dann wenn ich das Gefühl hatte das sie bei mir war. Ich habe dann auch immer mit ihr geredet.
Also, das waren eher Selbstgespräche, da ich nie eine Antwort erhalten habe. Das ging dann eine ganze Weile so weiter. Irgendwann war dann das Gefühl ihrer Nähe nicht mehr so deutlich und auch nicht mehr so oft. (Die Kette färbt sich auch nicht mehr). Dann geschah wieder Ewigkeiten nix.

Wobei mir gerade einfällt. Mitten in der Nacht ist einmal unsere Brotmaschine angesprungen. Ich bin von dem verbrannten Geruch irgendwann wach geworden und habe nachgesehen. Als ich die Funken sah, habe ich schnell meine Eltern wach gemacht. Kann das nur ein Kurzschluss gewesen sein oder vielleicht auch etwas Unnatürliches?
Auf jeden Fall habe ich seit ich 18 bin in verschiedenen Abständen das Gefühl Nachts beobachtet zu werden. Mein Zimmer ist nicht besonders groß, daher sieht man auch wirklich jeden Winkel. Ich habe immer wenn es soweit ist das Gefühl das irgendjemand auf dem Stuhl der bei meinem

Fenster steht sitzt und mich beobachtet. Am Anfang habe ich mir gedacht "gut dann drehe ich mich eben einfach weg, lass "es" doch gucken. Nur lange ging das nicht gut. Wenn ich mich weggedreht habe, hatte ich immer das Gefühl das es sich zu mir ans Bett gesetzt hat oder sich sogar neben mich gelegt hat und mich weiter beobachtet, manchmal hatte ich auch das Gefühl das "es" vor dem Bett hockt. Ab und zu konnte hatte ich auch das Gefühl das mich etwas anatmet. Irgendwann hatte ich dann wirklich keine Lust mehr und habe mich dann mitten in der Nacht ins Bett gesetzt und so was gesagt wie "Hallo? Wer bist du? Was willst du von mir?" und als dann nix kam sagte ich nur noch " Wenn du nix zu sagen hast dann lass mich endlich in Ruhe! Ich bin müde und würde gerne schlafen." Daraufhin habe ich dann ein kratzen an der Wand wo mein Bett steht gehört. Meine Reaktion war dann das ich ganz schnell den Fernseher angemacht habe und so schlafen gegangen bin.

Ich habe diese Geschichten auch meinem Freund erzählt. An dem Abend wo ich das getan habe musst ich dann auf die Toilette und als ich zurück in mein Zimmer wollte, hörte ich nur wie eine Stimme meinen Namen geflüstert hat. Gut was heißt geflüstert, ich fand es ziemlich laut und es war eher so ein hauchen. Ich habe totale Panik bekommen und bin zurück ins Zimmer gerannt. Ich habe am ganzen Körper gezittert. Es hat wirklich eine Ewigkeit gedauert bis mein Freund mich beruhigen konnte. Das Komische war nur, das er es nicht gehört hatte, obwohl meine Zimmertür offen stand und der Flur (wo ich dieses Hauchen gehört habe) führt zu jedem Raum. Ich habe dann auch nächsten Tag meine Eltern gefragt, ob sie mich vielleicht aus dem Schlafzimmer gerufen haben (Obwohl das "Geräusch" aus der anderen Richtung kam).

Ich kann mir bis Heute nicht erklären, was das gewesen sein könnte. Aber auf jeden Fall kann es nicht meine Oma sein (wenn sie es am Anfang wirklich war) da sich das am Anfang, ja ich sag mal gut angefühlt hat. Ich hatte nie Angst oder ähnliche Gefühle. Jetzt allerdings ist das anders. Ich bekomme teilweise richtig Panik (was auch ganz sicher die beste Reaktion ist wenn es wirklich was Übernatürliches sein sollte).

Dann verstarb auch noch mein Hund im letzen Jahr. Da kamen dann wieder "gute" Gefühle. Ich war wieder nicht alleine. Ich habe gemerkt wie mein "Hund" sich an meine Beine gelegt hat und mit mir gekuschelt hat. Wie vorher auch. Gut das muss nun nix heißen. Viele Menschen bilden sich Sachen ein kurz nachdem ein enges Familienmitglied verstorben ist. Aber zum mindest habe ich mich da wieder sicherer gefühlt.

Seit ein paar Monaten bin ich auch ganz plötzlich auf die Kette allergisch die ich von meiner Oma kurz vor Ihrem tot bekommen habe (und die trage ich nun schon 7 Jahre). Gut das ist nun nix unnatürliches immerhin verändert sich der Körper ja auch. Allerdings fülle ich mich seit dem Irgendwie immer unsicher wenn ich alleine bin. Und dieses Gefühl der Beobachtung hatte ich die letzten beiden Nächte auch wieder....

Vielleicht fällt euch ja irgendetwas dazu ein. Kann es wirklich etwas unnatürliches sein oder bilde ich mir das alles vielleicht nur ein?

Vielleicht sollte ich noch erwähnen das ich auch mal

Schritte im Flur gehört habe, aber das war meiner Meinung nach nur Einbildung, weil außer Luftzüge (bei geschlossenen Fenster und Türen..) noch nix merkwürdiges passiert ist wenn ich zu zweit war. Auch nicht wenn mein Besuch mal kurz das Zimmer verlässt was da der Fall war.

Die Tür, die sich von selbst öffnet

Es ist für mich und meine Familie nichts Ungewöhnliches
mehr, das es bei uns "spukt". Erlebt haben wir und unsere
Kinder schon soviel. Hätte ich die Zeit und die Technik und
keine Kinder, würde ich wohl Tag und Nacht daran arbeiten,
herauszufinden was da genau dahinter steckt.

Vielleicht hat hier ja jemand Lust mir ein wenig zu helfen

Ich kann jetzt gar nicht alles aufschreiben, was sich in all
den Jahren abgespielt hat, nur gestern Nacht bzw. heute
morgen war es wieder mal ganz heftig.

Seit etwa August geht unsere Eingangstüre von alleine auf.
Manchmal klopft es vorher, manchmal bleibt sie offen,
manchmal fällt sie auch wieder von alleine zu.
(Diesbezüglich haben wir alles ausgeschlossen, was einen
rationalen Grund haben könnte). Letztens war ich nachts
unten, etwas trinken, da steht die Türe sperrangelweit
offen.

Gestern Nacht, die Kinder schliefen, der Älteste schaute
im Zimmer noch fern, kam gegen 23 Uhr mein Freund nach
Hause. Er duschte und legt sich zu mir und unserem Baby
ins Bett. Wir haben die Schlafzimmertüre offen und
quatschen noch, da hören wir beide unten die Eingangstüre
aufgehen und wieder zugehen, so als ob jemand gekommen
bzw. gegangen wäre. Mein Freund fragte mich, ob M. (mein
Sohn) noch so spät eine rauchen gegangen ist und ich

90

verneinte. Lag ja im Bett und schaute fern. Ich bitte ihn mal unten nachzusehen. Er schaute zuerst ins Zimmer meines Großen, er war am Fernsehen schauen, danach unten nach dem Rechten. NICHTS.

Heute Morgen, mein Freund will zur Arbeit fahren, sieht er Licht im Mädelszimmer. Stellt sich in die Türe und sagt zu meiner Tochter, sie solle doch bitte das Licht ausmachen, es wird ja schon hell. Meine Tochter ist elf, die mittlere 4 und hat bei der großen Schwester geschlafen. Als mein Freund sich verabschiedet und bei den Stiegen runter geht, sieht meine Große einen Mann, hinter meinem Freund stehen. Verwirrt fragt sie ihre Schwester ob sie den auch sieht. Die Kleine sagt ja und versteckt sich weinend unter der Bettdecke. Meine Große rief nach meinem Freund, der kam noch mal hoch und da verschwand dieser Mann. Ich hab ja noch geschlafen und bekam dann von ihr eine SMS, Mama, bitte komm schnell, da stand ein Mann im Flur.

Sie beschrieb ihn als Mann, mit Anzug und Krawatte, ohne Schuhe. Die Krawatte war zerrissen und der Mann sah verbrannt aus. Verbrannte Haut im Gesicht, Haare konnte sie keine erkennen, um den Kopf herum war alles schwarz.

Ich bin schon sehr oft umgezogen, und immer war etwas.

Es liegt also nicht an der Wohnung meiner Mutter. Es ist etwas, das mitgeht, oder taucht nur überall etwas auf? Ich finde keine Zusammenhänge, keine Logik. Bin mit Freunden schon alle Fälle systematisch durchgegangen, aber es sind definitiv keinerlei Zusammenhänge zu finden.

Ich meine, wir wohnen in einem Haus. Vorm Haus befindet

sich Wald und drüber verläuft quer dann die Autobahn. Auf dieser Strecke kommt es sehr oft zu schweren, tödlichen Unfällen.

Im Ort wurden vor etlichen Jahren, Soldaten und Zivilisten von einem Bombenangriff getötet, aber ja mei, das gabs doch überall in Kriegszeiten.

Unser jetziges Haus ist neu, eine Doppelhaushälfte. Keiner verstorben hier, was vorm Bau hier stand weiß ich nicht. Glaub auch nicht das es mit dem Ort hier zu tun hat, es muss eher was familiäres sein.

Die Erscheinung

Eins vorweg: Ich bin eigentlich niemand, der sich groß um Geister-Geschichten und ähnliches schert und da sicher auch niemand, der paranoid ist und sich etwas einbildet.

Zur Vorgeschichte: Aus finanziellen Gründen sah ich mich vor rund zwei Jahren dazu gezwungen, in ein Haus zu ziehen, das relativ weit außerhalb liegt. Also quasi mitten im Nichts.

Bereits am Anfang hatte ich immer das Gefühl, dass mich etwas beobachtet, dass ich nicht alleine bin. Verstärkt wurde mein Eindruck von meiner Katze, die zwischendurch wahre Panikschübe hatte und maunzend und fast wimmernd im Raum saß und in eine Ecke geschaut hat. Da ich mir aus dem Thema wie gesagt eigentlich nie etwas gemacht habe, habe ich das Ganze auf einen Fussel oder elektrische Schwingungen in der Wand zurückgeführt. Und das Gefühl des Beobachtet Werdens habe ich als reine Einbildung empfunden und innerhalb weniger Wochen ließ das Ganze nach, bis es ganz verschwunden war. Zumindest für 7 bis 8 Monate, bis ich eine neue Frau kennen gelernt habe, mit der ich auch schnell zusammenkam.

Sie behauptete von sich selbst, dass sie die Aura anderer Menschen sehen kann. Auch wenn ich da zunächst skeptisch war, hat sich mich da schnell eines Besseren belehrt. Obwohl wir uns am Anfang eigentlich kaum kannten, konnte sie meine Stimmung immer haargenau bestimmen. Und das obwohl ich im Prinzip der klassische Eisberg bin, dem nicht einmal Menschen etwas anmerken, die mich seit Jahren kennen. Soviel zur Vorgeschichte.

Vor 4 Monaten fing sie dann an, sich hier unwohl zu fühlen und meinte zu mir, dass etwas mit diesem Haus nicht stimmt. Ich habe es erst einmal so zur Kenntnis genommen und versucht, das Ganze von mir fern zu halten. Einen ersten kurzen Schreck bekam ich, als sie wie immer die Woche unter nicht bei mir war und ich nachts kurz ins Bad bin, um mich zu erleichtern. Um meine Mitbewohner nicht zu wecken, habe ich das Licht ausgelassen, mein Geschäft verrichtet und bin wieder raus. Dabei musste ich an einem Spiegel vorbei und sehe im Spiegel beim Vorbeigehen eine Frau mit langen schwarzen Haaren.

Ich habe mich dann kurz erschrocken und es auf die Bäume und den Einfall des Mondscheins zurückgeführt, die mir einen optischen Streich gespielt haben. Via ICQ habe ich es ihr sofort erzählt und komischerweise kamen auf beiden Seiten Nachrichten, in denen das Wort "Geist" vorkam, nicht mehr an. Mit einer Umschreibung ohne das Wort "Geist" kamen die Nachrichten an. Um mir nichts einzureden, habe ich das Ganze einfach als einen Zufall abgestempelt und mir keine weiteren Gedanken drum gemacht. Wieder gingen einige Wochen ins Land und zwischendurch hatte ich hier das Gefühl, dass sich in diesem Haus etwas Trauriges befindet.

Mitte dieser Woche haben wir uns nach knapp 7 Monaten getrennt und heute Nacht geschah das Unfassbare, das selbst mich, als jemanden, der an so was eigentlich weniger glaubt, total aus der Bahn geworfen hat. Um mich

94

abzulenken, war ich noch in der Stadt unterwegs und kam gegen 0.30 nach Hause. Bereits im Hausflur überkam mich das Gefühl, als würde mir jemand Sachen wie ein "Du bist endlich wieder da" telepathisch vermitteln. Ich bin dann hoch, habe noch ein Bier getrunken und mich dann schlafen gelegt. Ich weiß nicht genau, wann es war, aber mitten in der Nacht überkam mich ein Gefühl von wohliger Wärme gepaart mit eisiger Kälte. Ich mache die Augen auf und sehe vor mir einen dunklen flimmernden Schatten, den ich erst nicht identifizieren konnte, ehe er sich nach und nach in das Antlitz meiner besagten Ex-Freundin verwandelt hat.

Wortlos legten mir die Umrisse die Hand auf meinen Arm und plötzlich hatte ich auch kurzzeitig die Gabe, Auren als Farbe zu sehen. Zumindest kam es mir so vor. Während der Kopf ein grau-schwarzes Gemisch war, erschien der Brustkorb um die Herzgegend in einem rosa-gelben Ton. Um sie herum flackerte zudem ein dunkler Lila/Blauer Schein. Kurz nachdem ich die Farben gesehen habe, setzt in meiner Erinnerung ein Filmriss ein. Ich nehme mal an, dass ich einfach wieder eingeschlafen bin. Und nun frage ich mich hier, ob ich mir das Ganze eingebildet habe oder ob hier evt. doch mehr im Busch ist.

Denn mir kam das Ganze so verdammt real vor und gegen einen Traum spricht die Tatsache, dass ich mich in meinem Zimmer befand und alles 1:1 so aussah, wie beim Einschlafen. Etwas, das in meinen Träumen nie vorkommt. Habe mir dann den ganzen Morgen Gedanken gemacht und muss sagen, dass mir mittlerweile einiges spanisch vorkommt. Nicht nur, dass mein ehemaliger Mitbewohner mir letzens sagte, dass er hier im Haus verstärkt Alpträume hatte, auch die Tatsache, dass fast immer etwas passiert, das den geplanten Auszug von Menschen hier (Es ist ein Mehrparteienhaus) verhindert, macht mich nach längerem Nachdenken stutzig.

Nur frage ich mich nach wie vor, ob das nicht alles einfach nur Zufälle sind, die ich hier überbewerte und das heute Nacht eben doch nur ein Traum war. Mittlerweile habe ich jedoch das Gefühl, dass es hier wirklich etwas gibt und dass meine Exfreundin evt. noch mehr als Sehen von Auren beherrschen könnte.

Das Flüstern

Kurz zu mir: Ich bin 16 Jahre alt und ich möchte hinzufügen, dass man mir eigentlich nicht leicht Angst einjagen kann. Ich schau am liebsten Horrorfilme und aufgrund dessen, bin ich jemand, der viel verkraften kann.

Aber es gab da ein paar Momente, wo ich am nächsten Tag wirklich Angst hatte. Ich will euch mal von meinem ersten Erlebnis berichten:

Ich war damals ungefähr 10 Jahre alt. Das Zimmer, wo ich damals schlief, gehört jetzt meinem Bruder. Ich habe nun ein anderes, wo sich die anderen zwei Sachen zugetragen haben. Doch dazu später. Auf jeden Fall, es war ca. 7:00 Uhr morgens. Ich war durch meinen (ziemlich) lauten Wecker gerade aufgewacht, da spürte ich plötzlich, wie etwas meine Hand umfasste bzw. anfasste. Es war wie ein leichter Händedruck, als würde mir etwas seine Hand geben. Diese "Hand" war ziemlich kalt, weshalb ich ruckartig meine Hand unter die Bettdecke zog. Ich war zu dem Zeitpunkt dann erstmal richtig geschockt und starrte eine Weile nur auf den Punkt, wo diese "Hand" meine berührt hatte. Ich keuchte ebenso kurz auf und war dann heilfroh, als meine Mutter ins Zimmer kam. Erzählt habe ich ihr allerdings nichts, sie hätte mir ohnehin nicht geglaubt. Ich möchte dazu sagen, dass ich zu diesem Zeitpunkt weder noch müde war, noch nicht richtig ausgeschlafen war. Ich bin mir ganz sicher, dass ich mir das nicht eingebildet habe.

Das zweite Ereignis spielte sich dann in meinem neuen
Zimmer ab. Das war mit 12 o.13. Ich lag abends in meinem
Bett. Ich bin nachts, nachdem ich ins Bett gegangen bin,
noch eine Zeit lang auf und denke über alle möglichen Dinge
nach.
Ich lag mit meiner rechten Schuler auf dem Bett dar, also
seitwärts, als plötzlich wieder so eine kalte Luft an meiner
linken Gesichtshälfte zu spüren ist. Dann auf einmal fährt
irgendetwas über meine Haare, so als würde es mich
streicheln. Ich bin sofort hochgeschnellt und habe das
Licht angemacht. Danach konnte ich erstmal für eine
Stunde nicht einschlafen. Die Zeit müsste in etwa 22.00
Uhr gewesen sein. Wie gesagt, war wieder wie eine Hand,
die ich da bemerkte. Die Fenster in meinem Zimmer waren
zu, ebenso wie die Tür. Ein Windstoß ist also
unwahrscheinlich.

Nun zu meinem letzten Erlebnis:
Das war mit 14, ebenfalls wieder um diese Zeit, 22:00 Uhr
nachts, auch in meinem neuen Zimmer. Ich lag dieses Mal
auf dem Rücken und starrte gegen die Decke, dachte über
eine schönen Tag nach. Dann höre ich plötzlich eine Stimme,
eher ein Flüstern. Genau neben mir. Ich bin mir sicher, dass
ich es genau gehört habe, dass es genau neben mir war.
Mein Zimmer liegt im Dachgeschoss, was heißt, außen
herum von meinem Zimmer ist nichts. Keine Wohnung etc.
Nur das Bad und ein kleines Hobbyzimmer. Aber der
Einzige, der noch bei mir oben ist, ist mein Bruder und der
schläft ein paar Zimmer weiter. Wie gesagt, es war eher
ein Flüstern. Ob die Stimme männlich oder weiblich war,
weiß ich nicht, aber ich würde eher zu männlich tippen. Hat

sich nicht so weiblich angehört. Was "es" gesagt hat, weiß ich auch nicht, ich wár zu dem Zeitpunkt dann erstmal ziemlich verwirrt und beängstigt. Es war außerdem sehr schlecht zu verstehen. Es war nur irgendein undeutliches Flüstern.

Das war so ziemlich das letzte Ereignis bis heute. Das Einzige, was es noch gibt, ist, dass mein Bruder einmal zu mir meinte, dass er nachts beim Fernsehen schauen eine schwarze bzw. eine dunkle Gestalt in seinem Zimmer, glaub hinter seinem Fernseher, gesehen hat.

Bis heute ist nichts derartiges mehr passiert und ich muss sagen, ich bin auch wirklich froh darüber. Doch manchmal spüre ich nachts trotzdem noch manchmal kalte Luft in Körpernähe. Ich habe keine Ahnung, woher die kommen könnte, Fenster sind, wie gesagt, meist immer zu.

Die Erscheinung im Pfälzer Wald

Meine Geschichte spielte sich folgendermaßen ab:

Ich komme aus Hessen und bin dort mit einem Freund einem Kurpfalzverein beigetreten. Der Verein ist nichts spektakuläres, es dreht sich hauptsächlich um die Wanderung durch Weinberge und den Pfälzerwald. Im Sommer 2011 fuhren wir nach Rheinland Pfalz und starteten von dort aus eine 3-tägige Wanderung entlang der südlichen Weinstraße. Der erste Tag verlief ganz normal. Am zweiten Tag starteten wir die Reise von einem kleinen Örtchen aus namens Albersweiler. Die Tour sollte quer durch den Wald an zwei Gaststätten vorbei an das nächste Dorf nach Frankweiler führen. Ihr könnt ja mal gerne Die Namen der Ortschaften bei Google eintippen, damit ihr eine kleine Vorstellung habt.

Nachdem wir die erste Hütte so gegen 17 Uhr verließen, kamen wir nach einer Weile an einer Art „steinerne Höhlen" vorbei. Auch wenn es jetzt komisch klingt, aber dieser Ort zog mich schon anfangs wie magisch an. Ich hatte das Gefühl, mir alles näher anschauen zu müssen und bat meinen Freund, auf mich zu warten. Ich kann es nicht sagen, wie lange wir vor den Steinen standen, wir waren so vertieft, sodass wir gar nicht gemerkt haben, dass unsere Gruppe längst über alle Berge war. Wir machten mehrere Fotos und fertigten Zeichnungen an, bis die Dämmerung eintraf. Nachdem wir erfolglos unsere Gruppe gesucht hatten und es ziemlich dunkel wurde, beschlossen wir, unsere Zelte aufzuschlagen und unsere Suche am nächsten Tag fortzusetzen.

Gefühlsmäßig gegen 23 Uhr fing dann alles an...
Während wir an den Zelten saßen und erzählten, hörten wir ein seltsames Geräusch, welches wir zuvor noch nie gehört hatten. Ich kann bis heute noch nicht nachvollziehen, wer oder was das Geräusch verursacht hat. Wir machten uns auch keine weiteren Gedanken über dieses Geräusch, bis wir es mehrmals hörten. Es kam uns so vor, als ob es immer lauter wurde. So langsam wurde uns mulmig und ich holte vorsichtshalber mal meine Taschenlampe aus dem Rucksack. Wir hörten auf zu erzählen und lauschten den Geräuschen. Nach einer Weile hörten wir auch nichts Ungewöhnliches mehr und beschlossen, langsam in die Zelte zu gehen. Zur Sicherheit ließen wir das Lagerfeuer Weiterbrennen, hauptsächlich wegen den Tieren. Irgendwann mitten in der Nacht wurde ich wach, da ich aufs Klo musste [:-D] und ging ein paar Schritte vom Zelt weg. Als ich wieder zurückkam, bin ich total erschrocken. Auf mein Zelt wurde mit Asche die Zahl 153 geschrieben (keine Ahnung, was diese Zahl bedeuten soll, wäre nett, wenn mir jemand weiterhelfen könnte). Anfangs glaubte ich, mein Freund wollte mir einen Streich spielen, doch als ich sein Zelt öffnete, sah ich, dass er noch tief und fest schlief und ich bekam Angst. Ich wollte einfach nur noch die Nacht irgendwie überstehen, deswegen verkroch ich mich wieder in mein Zelt und versuchte, so schnell wie möglich einzuschlafen. Kurz darauf hörte ich Schritte, ich hatte unheimliche Angst, meine Augen zu öffnen, doch ich dachte, dass es vielleicht mein Freund sei. Als ich meine Augen dennoch öffnete, sah ich eine menschenähnliche Schattengestalt, die durch das Feuer auf mein Zelt

geworfen wurde. Ich beruhigte mich kurz und wollte nachschauen, was mein Freund machte. Ich machte einen Blick aus dem Zelt und ich dachte, mein Herz bleibt gleich stehen...

Vor dem Feuer stand eine durchsichtige Person, ich konnte keine genauen Gesichtszüge erkennen, aber von dem Körperbau und der Kleidung aus war es eine männliche Person. Es kam mir so vor, als würde es mich anstarren und dann drehte es sich zur Seite, ging ein paar Meter und dann war es so, als hätte es sich in Luft aufgelöst. Ich war richtig starr vor Angst. Nach dieser Erscheinung tat ich mir richtig schwer, einzuschlafen, war schweißgebadet. Am nächsten Morgen wurde ich von meinem Freund geweckt und war froh, dass die Nacht endlich vorbei war. Auch die Zahl auf meinem Zelt war verschwunden. Er fragte mich dann noch, ob ich gut geschlafen hab. Ich wollte ihm daraufhin nicht die Wahrheit sagen, da ich befürchtete, er hält mich für verrückt.

Als mein Freund schon mal alles zusammenpackte, wollte ich nachschauen, wo genau diese Person verschwand und lief ein paar Schritte in die Richtung. Ich fand einen großen Stein, in dem genau die gleiche Zahl wie auf meinem Zelt eingemeißelt war. Mein Freund hielt es für einen einfachen Grenzstein ohne weitere Bedeutungen, aber ich weiß normal, wie ein Grenzstein aussieht und hielt es für etwas anderes. Wir nahmen unser Gepäck und fanden nach einer Weile zurück ins Dorf. Der Rest ist unbedeutend...

Was hat das Ganze mit der Zahl 153 zu tun???
Und warum habe gerade ich diese Erscheinung gesehen?

Spuk im Treppenhaus

Hallo Leute, die Geschichte (nur eine von vielen, aber die interessanteste) ist zwar schon älter weil sie meiner Mutter und deren Verwandten passiert ist (gegen 1975), aber trotzdem frage ich mich was es damit auf sich hat.

Es waren mehrere Erlebnisse.
Zuerst will ich euch aber mal den Aufbau des Hauses erklären:
Es war ein Einfamilienhaus mit einem Treppenhaus, das eine Treppe nach oben hatte. Und im ersten Stock war eine verschlossene Tür, die zum Dachgeschoss führte. Sie war IMMER geschlossen. Ausnahmslos.
Um zur Toilette zu kommen, musste man einmal quer durch das Treppenhaus gehen.
Nun zu den Ereignissen:

1. Wenn sie abends gegen 21 Uhr zusammen im Wohnzimmer saßen, hörten sie Schritte auf der Treppe nach oben. Das konnte aber eigentlich nicht sein, da die Haustür abends verschlossen wurde. Sie gingen ins Treppenhaus um zu sehen, ob es vielleicht ein Obdachloser war, der sich tagsüber ins Haus geschlichen hatte. Aber da war niemand. Sie haben mal versucht, Mehl auf die Treppe zu streuen, die Schritte kamen wieder, jedoch keine Fußspuren.

2. An manchen Tagen wenn sie abends im Wohnzimmer saßen, haben sie eine Art rundes Licht an der Zimmerdecke

gesehen. Wie von einer Taschenlampe.
Nur hatte niemand eine Taschenlampe, und die
Fensterläden waren geschlossen. Selbst wenn es Licht von
außen gewesen wäre, wäre es sicher kein perfekter Kreis
geworden.

3. (Ich muss dazu sagen, dass ich von diesem Ereignis erst
vor Kurzem erfahren habe, da es nicht meiner Mutter,
sondern einem anderen Familienmitglied passiert. Damals
haben sie es ihr wahrscheinlich nicht erzählt, weil sie
dachten das könnte es nur noch schlimmer machen.)
Er ging einmal nachts auf die Toilette. Als er dann das
dunkle Treppenhaus betrat und ins Bad hinüber ging, hörte
er wieder die Schritte auf der Treppe, die dann genau vor
der Badtür stoppten. Er hatte solche Angst und schlief, so
lustig das auch klingen mag, in der Badewanne.

4. Das letzte Ereignis bezieht sich nun auf die
Dachgeschosstür.
Sie saßen ein weiteres Mal abends im Wohnzimmer und
hörten Schritte auf dem Dachboden über ihnen. Es hörte
sich an, als würde jemand eine schwere Truhe im Raum
herum schieben. Und die Schritte dazu. Da sie keinen
Schlüssel für den Dachboden hatten, mussten sie abwarten
bis der Vermieter mit dem Schlüssel kam. Sie wollten
sichergehen, dass wirklich kein Obdachloser da oben seinen
Schlafplatz hat. Der Vermieter sperrte auf, sie gingen
nach oben. Und alles was in dem Raum war, war eine leere
Truhe die Spuren im Staub hinterlassen hat, aber keine
Fußspuren. Und nirgends war ein Eingang, durch den ein
Obdachloser herein gekommen wäre.

Alle diese Ereignisse traten unterschiedlich auf. An

manchen Tagen gar nichts, an anderen Tagen eines dieser Ereignisse.

Der Spuk hat ihnen nach langer Zeit so viel Schlaf geraubt, dass sie schlussendlich in ein anderes Haus gezogen sind.

Sie haben dem Vermieter von den Ereignissen erzählt, und alles was dieser sagte war: "Die Vormieter sind wegen dem selben Grund ausgezogen. Früher lebte hier mal ein Uhrmacher, der in diesem Haus ermordet wurde, weil er zu viele Schulden hatte."

Im Schlafzimmer

Hallo, mein Name ist Nick und ich bin 18 Jahre alt. Ich muss erstmal sagen, ich halte nicht viel von Spukgeschichten und Geistern, aber wie ihr seht mach ich mir doch einige Gedanken.

Ich selbst habe es auch nicht erlebt, sondern meine Familie. Ich weiß ehrlich gesagt auch nicht wie ich es beschreiben soll, jedenfalls haben meine Eltern das Gefühl das in ihrem Schlafzimmer etwas nicht stimmt.

Dieses Gefühl haben sie seit ca. 2 Jahren, da vor 2 Jahren mein kleiner Bruder zur Welt gekommen ist und mit ihm "Alles" anfing.
In seinem ersten Lebensjahr wachte er nachts oft um genau 23 Uhr auf und weinte sehr doll, was bei einem Baby ja eigentlich normal ist.
Als er sich dann aber verständigen konnte, zeigte er oft auf eine Ecke des Schlafzimmers, als wenn er dort etwas gesehen hätte...
Ich habe natürlich weggehört, meine Eltern hatten sich schon Gedanken gemacht.

Es gab noch einige Momente, bei denen es meinen Eltern mulmig wurde, aber so genau kann ich das nicht mehr sagen...

Ein wichtiges Erlebnis ist aber vor ein paar Tagen passiert...
Jetzt hat mein kleiner Bruder so ein Leuchtbild an der Wand, was eine Zeit lang leuchtet wenn Licht darauf scheint. Allerdings sind meine Eltern meist nur zur

106

Abendzeit im Zimmer wenn sie meinen Bruder ins Bett bringen oder selbst schlafen gehen. Meine Ma sagte mir, dass dieses Bild nachts immer sehr hell leuchtet wenn sie wach wird.

Dann am Montag, gegen morgens schon, lag mein Bruder allein im Bett meiner Eltern und schlief, bzw hätte er genau in DIE Ecke schauen können.
Er rief morgens meine Ma, und dann geht meine Ma hin und auf einmal hat er überall Krämpfe, seine Augen sind verdreht und er spuckt alles voll und ist dann nicht mehr bei Bewusstsein ,meine Ma beschrieb ihn als sei er eine Puppe..

Dann wurde der Notarzt gerufen und die haben ihn gleich mitgenommen,
allerdings sagte der Arzt als Diagnose akute Mittelohrentzündung, aber Krämpfe und das "Bewussteinseinverlieren" kann normalerweise nicht dadurch kommen.

Normalerweise wollte meine Ma mir das mit den für sie "paranormalen" Erlebnissen nicht erzählen, weil ich eigentlich sehr rational denke und nicht an so was glaube. Aber heute morgen haben sie auch das Leuchtbild entfernt, weil sie denken, das im Schlafzimmer etwas ist, und dieses Etwas das Leuchtbild nicht "mochte". Außerdem kam meine kleine Schwester heut nach Hause und in dem Moment als sie die Wohnungstür schloss, öffnete sich wie von Geisterhand die Schlafzimmertür.
Ich versuchte ihr das auszureden indem ich ihr sagte, das

sie sich das vielleicht nur eingebildet hatte...

Unerklärbare Geschehnisse

Mein Name ist Vanessa, ich bin 21 Jahre.
Ich habe schon einige unerklärliche Dinge erlebt und das
vor ein paar Tagen wieder. Jetzt bin ich auf der suche nach
Antworten.

Also, ich fang einfach mal an:

Vor zehn Jahren ist mein Opa väterlicher Seite plötzlich
verstorben. Er lebte in Italien und mein Papa hatte daher
keine Chance ihn zu verabschieden. Die Bindung zwischen
den Beiden war immer sehr, sehr stark gewesen und
deswegen hat es meinen Papa auch schwerer getroffen, als
seine Geschwister.

 In der Nacht, als mein Opa gestorben ist und meine Eltern
im Schlafzimmer lagen, passierte etwas merkwürdiges, von
dem mir meine Mama später erzählte.
Mein Papa lag die ganze Nacht wach und machte sich
Vorwürfe, weil er nicht bei seinem Vater war, als dieser
gestorben ist, als es plötzlich klopfte. Es klang, als würde
jemand gegen die Zimmerwand klopfen, doch weder meine
Mutter, noch mein Papa waren es und außer den Beiden war
niemand im Zimmer. Es klopfte und klopfte wieder, bis mein
Papa anfing mit dem Klopfen zu reden. Er redete, als käme
das Klopfen von seinem toten Vater. Er sagte, dass es ihm
Leid tun würde, weil er nicht bei ihm war und dass er sich

nie verzeihen würde, ihm nicht mehr Tschüss gesagt zu haben.

Das Klopfen ging weiter und weiter und weiter, bis mein Papa sagte 'Ich weiß, du bist da und auch wenn du gestorben bist, bleibst du an meiner Seite' und auf einmal war es still im Zimmer. Als hätte sich mein Opa noch von meinem Vater verabschieden wollen.

Drei Jahre später hatte mein anderer Opa plötzlich einen schweren Unfall und lag im Krankenhaus.
Drei Wochen lag er dort, bis eines Nachts wieder das Klopfen im Schlafzimmer meiner Eltern anfing.
Es klopfte die ganze Nacht durch und als am nächsten Morgen meine Oma anrief und uns mitteilte, dass mein Opa in der Nacht verstorben war, wussten das meine Eltern eigentlich schon vom nächtlichen 'Besuch'.

Als ich 16 war, übernachtete eine gute Freundin bei mir, wir hatten es uns gemütlich gemacht, hatten nur meine Nachttischlampe an und quatschten. Bis meine Freundin mich plötzlich auf den großen, hellen Fleck an der Wand aufmerksam machte, genau neben dem Bett, auf der Höhe meines Kopfes.
Ich hatte den Flecken schon Wochen vorher bemerkt.
Aber es war weniger ein Fleck, als mehr ein Licht, dass an die Wand gestrahlt wurde. Da unsre einzigste Lichtquelle die olle Nachttischlampe war, konnten wir uns nicht erklären, woher das Licht stammen könnte. Vor allem, weil wir unsere Hände davor hielten und sie keinen Schatten warfen. Ich hatte den Fleck zwar vorher schon bemerkt, mir aber keine Gedanken dazu gemacht. Ich beobachtete ihn noch einige Tage, doch auf einmal war er weg. Ab und zu taucht er noch auf, aber die meiste Zeit bleibt er

verschwunden.
Was kann das gewesen sein?

Vor zwei-drei Jahren lag ich in meinem Bett und döste vor
mich hin, als ich plötzlich merkte, wie die Matratze einsank,
so, als würde sich jemand zu mir aufs Bett setzen. Zwar
war ich nicht ganz wach, aber ich kann beschwören, dass
ich niemanden ins Zimmer kommen gehört habe und
Haustiere hatte ich auch keine. Ich lag regungslos vor
Angst im Bett.

Ein anderes Mal, keine 8 Wochen später, hörte ich, wie die
Bettdecke raschelte, so als ob sich etwas zudecken wollte.
Da ich wieder wie erstarrt war und mich nicht bewegte und
die Bettdecke trotzdem weiter raschelte, weiß ich sicher,
dass ich das Geräusch nicht verursacht haben kann.
Ich schlaf immer mit dem Gesicht zur Wand und dem
Rücken zur Zimmerseite, auch in der Nacht, einige Zeit
später. Ich hatte einen sehr unruhigen Schlaf, aber
trotzdem bin ich mir sicher, wach gewesen zu sein. Ich
hatte ein etwas beklemmendes Gefühl, ohne zu wissen
woher, als ich plötzlich eine Berührung an meinem Rücken
und dem Arm bemerkte. Ich schreckte auf, doch da war
niemand. Und das passierte in 4-5 weiteren Nächten.

Ich habe sehr viele De-ja-vue-Elebnisse. Dinge, von denen
ich täume, die in der Form genauso einige Tage später
passieren. Nichts wirklich Bedeutsames, keine schlimmen
Ereignisse, die ich vorhersehen kann. Aber trotzdem...
Hängt das womöglich irgendwie zusammen?

Da das alles seit einiger Zeit aufgehört hat, dachte ich

auch nicht ehr daran.
Aber vor einigen Tagen ist dann doch etwas Seltsames passiert:

Ich war die Nacht über bei meinem Freund und am nächste Morgen sind wir gemeinsam mit meinem Auto zu mir nach Hause gefahren. Ich habe die Haustüre ganz normal aufgeschlossen und meinen Haustürschlüssel, an dem auch mein Autoschlüssel hängt wie immer in meine Tasche gelegt. Mein Freund ist zur Arbeit gefahren und da ich frei hatte war ich den ganzen Tag zu Hause. Am Nachmittag habe ich mich etwas hingelegt und bin etwas eingedöst. Alles ganz normal, nichts Ungewöhnliches. Als mein Freund am Abend zu mir fuhr wollten wir mit meinem Auto noch einkaufen fahren. Ich holte meinen Schlüsselbund aus der Tasche, als ich merkte, dass er sich seltsam leicht anfühlte. Überrascht stellten wir fest, dass mein Autoschlüssel nicht mhr dran war. Ich suchte in meiner Tasche und im Zimmer, doch ich fand nichts. Hatte schon Angst den Autoschlüssel auf dem Weg vom Auto zur Haustür verloren zu haben, bis mein Freund ihn plötzlich gefunden hatte. Er lag in meinem Kulturbeutel auf dem Schreibtisch, den ich am Abend zuvor bei meinem Freund dabei hatte. Wir fragten uns, wie der da rein gekommen war. Vom Schlüsselbund abgemacht hab ich ihn nicht. Vllt ist er aus Versehen abgegangen. Aber ich bin ja am Morgen noch mit meinem Auto gefahren und den Schlüsselbund hab ich definitiv nicht in den Kulturbeutel gelegt, sondern wie schon gesagt, wie immer in meine Tasche. Vllt ist meine Mama mit dem Auto gefahren. Aber warum sollte sie den Autoschlüssel vom Schlüsselbund trennen? Ausserdem war sie den ganzen Tag arbeiten und nicht zu Hause. Wie also ist der Autoschlüssel, der in meiner Tasche am

Schlüsselbund befestigt lagt in meinen Kulturbeutel
geraten? Uns ist keine Lösung eingefallen und da uns das
alles sehr, sehr seltsam vorkam, sind wir mit dem Auto
meines Freundes zum Einkaufen gefahren und nicht mit
meinem.

Herstellung und Verlag:
BoD – Books on Demand, Norderstedt
ISBN 978-3-7357-3815-8

FSC
www.fsc.org

MIX

Papier aus ver-
antwortungsvollen
Quellen
Paper from
responsible sources

FSC® C105338